GUIA ADEGA VINHOS DO BRASIL

2019 | 2020

Edição 09

Publisher
Christian Burgos

Diretora de Operações
Christiane Burgos Miguez

Editor
Eduardo Milan

Produção
Eduardo Milan e Sônia Machado

Revisão
Eduardo Milan e Arnaldo Grizzo

Projeto Gráfico
Ricardo Torquetto

Assistentes de arte
Aldeniei Gomes e Joshua Kerry

Arte capa
Aldeniei Gomes

Fotografias
Dollar Photo Club, rawpixel,
Gilmar Gomes, Divulgação Vinícolas

Impressão
Vox editora e gráfica

Guia ADEGA de Vinhos do Brasil - 2019/ 2020 Produzido por

inner

Inner editora

Dupla contribuição e a mesma motivação

Parece que foi ontem, mas já se vão nove anos de nossa primeira edição do Guia ADEGA de Vinhos do Brasil. Lembro claramente quando íamos fazer a terceira edição e nos perguntaram se íamos continuar... Perdíamos dinheiro no guia, mas sempre achamos que era uma obrigação reconhecer os melhores vinhos de nosso país.

Nove anos, nove guias e milhares de vinhos depois, continuamos com a mesma motivação. Agora, com a maturidade de compreender claramente os caminhos que se abrem para o vinho brasileiro em cada um de seus terroirs conhecidos e com a pretensão de iluminar o caminho para a evolução qualitativa dos vinhos brasileiros.

Fazemos isso com toda a humildade, mas com experiência de quem já degustou 100 mil vinhos de todo o mundo e que acompanha e discute o desenvolvimento dos mais reconhecidos produtores mundiais. Damos nossa opinião sempre tendo em mente o leitor e não o produtor, mas contribuir com os produtores se torna uma segunda vertente do Guia.

Neste ano, os espumantes provaram mais uma vez, com a sua consistência, a vocação do país. Destaque para os nature e também para os Moscatel. Enquanto isso, a Campanha Gaúcha revela-se o terroir para os tintos, elaborando o melhor tinto do ano, além de outros destaques. No Sudeste, Maria Maria, Verrone, Estrada Real, Carvalho Branco e Terrassos se destacam, possivelmente incentivadas pelos resultados da Guaspari. Com isso, comprovam o potencial desta região que, quando lançamos o primeiro Guia ADEGA, estava associada a vinhos que não brilhavam pela qualidade.

Olhando para frente, o caminho parece cada vez mais promissor se seguirmos a bússola de menos madeira, mais intercâmbio de verdade (não só com pessoas que pensem da mesma maneira) e olhar os atuais enólogos de classe mundial (Alberto Antonini, Pedro Parra, Paul Hobbs...) não como concorrentes, mas como recursos que podem contribuir, assim como é o caso de Michel Rolland e Roberto Cipresso.

Saúde,

Christian Burgos e Eduardo Milan

Sumário

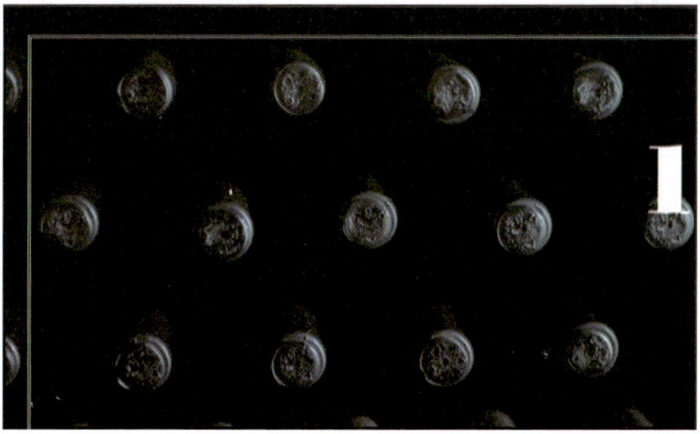

LEGENDAS

Neste ano, recebemos **550** amostras de **63** produtores brasileiros. Como sempre, fizemos uma seleção bastante criteriosa e selecionamos 404 rótulos que aparecerão nas próximas páginas. A média geral de pontuação foi de **88,62** e, como sempre, destaque para os espumantes, com a melhor média. Vale apontar que os produzidos com **método tradicional** tiveram média de 89,74 pontos (com a categoria **Nature** apresentando 90,7 pontos) e os sempre consistentes **Moscatéis** tiveram média de 89 pontos. Entre os **tintos**, os Cabernet Sauvignon tiveram 88,11 pontos de média, os Merlot 88,09 pontos e os Pinot Noir 89. Já entre os **brancos**, os Sauvignon Blanc apresentaram 88,31 pontos, os Chardonnay 88,95 e os Riesling 89,5. Falando de **regiões**, o Vale dos Vinhedos contou com média de 89,11 pontos e a Campanha Gaúcha teve 89. Confira os dados gerais abaixo.

Médias de pontuação

88,88 pts
Espumantes

88,36 pts
Tintos

88,50 pts
Brancos

87,88 pts
Rosés

88,00 pts
Doces

	Espumantes	Tintos	Brancos	Rosés	Doces	Total de vinhos
Número de amostras	205	111	69	17	2	404
93 pontos	2	0	0	0	0	2
92 pontos	7	1	2		0	10
91 pontos	28	6	5	1	0	40
90 pontos	50	20	13	3	0	86
89 pontos	37	31	17	1	0	86
88 pontos	38	22	13	6	2	81
87 pontos	18	11	10	2	0	41
86 pontos	17	17	6	3	0	43
85 pontos	7	3	3	0	0	13
84 pontos	1	0	0	1	0	2
PERCENTUAIS	50,74%	27,48%	17,08%	4,21%	0,50%	
93 pontos	0,98%	0,00%	0,00%	0,00%	0,00%	0,50%
92 pontos	3,41%	0,90%	2,90%	0,00%	0,00%	2,48%
91 pontos	13,66%	5,41%	7,25%	5,88%	0,00%	9,90%
90 pontos	24,39%	18,02%	18,84%	17,65%	0,00%	21,29%
89 pontos	18,05%	27,93%	24,64%	5,88%	0,00%	21,29%
88 pontos	18,54%	19,82%	18,84%	35,29%		20,05%
87 pontos	8,78%	9,91%	14,49%	11,76%	0,00%	10,15%
86 pontos	8,29%	15,32%	8,70%	17,65%	0,00%	10,64%
85 pontos	3,41%	2,70%	4,35%	0,00%	0,00%	3,22%
84 pontos	0,49%	0,00%	0,00%	5,88%	0,00%	0,50%

Legendas Enoturismo

Hospedagem	
Visita com degustação	
Restaurante	
Loja	

Tabela de avaliação

Classificação	Pontos
Extraordinário	95 a 100
Excelente	91 a 94
Ótimo	89 a 90
Muito Bom	87 a 88
Bom	85 a 86
Regular	83 a 84
Fraco	abaixo de 82

Preços

até 30 reais	$
de 31 a 50 reais	$$
de 51 a 75 reais	$$$
de 76 a 100 reais	$$$$
acima de 101 reais	$$$$$

NORDESTE

O Nordeste do Brasil não ostentaria sua atual vocação vitivinícola se dependesse apenas do clima tropical e semiárido da região. À primeira vista, tais condições seriam pouco propícias ao cultivo de videiras. Entretanto, uma área situada entre os paralelos 8° e 9° de latitude sul, no limite entre os estados da Bahia e de Pernambuco, onde a temperatura média anual gira em torno de 26°C e o clima é seco, acabou se convertendo em polo produtor de vinhos. Trata-se do Vale do Rio São Francisco. É justamente a proximidade com o grande rio que possibilita irrigações, fator determinante para o desenvolvimento da atividade. Há pelo menos duas décadas, a capacidade produtiva das videiras do Vale do Rio São Francisco é determinada pelo manejo, e não pelo clima, sempre seco e quente. O sistema de irrigação artificial dos solos, que apresentam grandes depósitos de sedimentos rochosos, elimina períodos de entressafra e possibilita a obtenção de mais de uma colheita por ano. A aplicação da tecnologia envolve também extensas pesquisas de clones para encontrar as cepas de melhor adaptação ao solo e ao clima da região. A Syrah é uma delas, assim como a Petit Verdot e a Touriga Nacional, além das brancas Moscatel e Chenin Blanc.

SUDESTE E CENTRO-OESTE

SUDESTE

A região Sudeste do país revelou-se frutuosa para o surgimento e o desenvolvimento de projetos vinícolas bastante interessantes. É o caso de São Paulo, por exemplo, onde tradicionalmente já se cultiva uvas – algumas cidades chegam a ser conhecidas por suas "festas da uva". Ocorre que os produtores usam uvas americanas em seus vinhos. De uns tempos para cá, porém, o estado experimenta um forte movimento para mudar essa dinâmica, dando os primeiros passos para se transformar em um produtor de vinhos finos de relevância. Uma das armas para o êxito desses primeiros projetos é a utilização da técnica de dupla poda, por meio da qual inverte-se o ciclo natural da planta, que passa a frutificar no inverno, e não no verão, época mais seca e propícia à colheita de cachos para produção de vinhos de qualidade. Exemplos disso são os projetos vistos nas cidades de Espírito Santo do Pinhal, São Roque e Amparo.

O mesmo tem acontecido no sul de Minas Gerais, região que tem recebido investimentos envolvendo o cultivo de vitis vinifera, com mapeamento para identificação das melhores áreas para videiras e das melhores variedades a serem plantadas.

CENTRO-OESTE

Também no Centro-Oeste do Brasil vêm surgindo novas áreas de cultivo de vinhas, novamente utilizando-se a dupla poda com alicerce em pesquisas e novas tecnologias. A Serra dos Pirineus, no estado de Goiás, por exemplo, conta com empreendimentos que colocam a região definitivamente no mapa da vitivinicultura brasileira.

PARANÁ

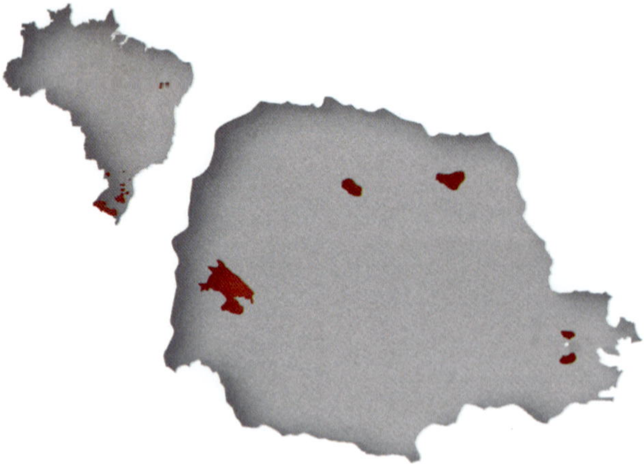

Semelhante ao que se vê no estado de São Paulo, o cultivo de uvas finas vem se difundindo com resultados interessantes no Paraná. Existem três polos principais. O primeiro é a Região Metropolitana de Curitiba, onde estão os municípios de Colombo, São José dos Pinhais e Campo Largo, de colonização italiana e tradição no cultivo de uvas de mesa, que, nos últimos anos, vem produzindo também uvas finas, com destaque para a Cabernet Sauvignon e a Chardonnay. O segundo polo é o Oeste Paranaense, cuja base é a cidade de Toledo, onde estão sendo cultivadas cepas pouco exploradas no país, como Tempranillo, Sangiovese e Negro Amaro. Por fim, há o norte do Paraná, especialmente na área que engloba as cidades de Londrina, Marialva, Maringá e Rolândia, onde, a exemplo de outras regiões, converteu-se parte das vinhas de uvas de mesa para plantas de uvas finas.

SANTA CATARINA

A maioria das vinícolas de Santa Catarina está concentrada no Planalto Catarinense, onde ficam o Alto Vale do Peixe, a Serra do Rio do Rastro e a região carbonífera. As principais características da região são as elevadas altitudes que, em algumas áreas, chegam a quase 1.400 m do nível do mar, e o clima frio (as médias anuais são das mais baixas do Brasil). Além disso, a amplitude térmica é grande, por isso o fator temperatura exerce grande influência sobre as videiras, retardando a maturação das uvas e postergando a colheita geralmente para os meses de março e abril. As principais cepas cultivadas são Cabernet Sauvignon, Merlot, Pinot Noir, Chardonnay e Sauvignon Blanc, além de experimentos com variedades italianas, como Sangiovese, que vêm ganhando força nos últimos anos. Entretanto, em níveis gerais, os resultados mais promissores têm sido com os brancos de Sauvignon Blanc e, de forma mais tímida, tintos de Pinot Noir e espumantes de Moscatel.

RIO GRANDE DO SUL

A maior parte da produção vitivinícola do Brasil está concentrada no Rio Grande do Sul. Já há mais de duas décadas, verifica-se o foco em cultivar uvas viníferas de qualidade e investimentos em tecnologia. As principais áreas produtoras estão em quatro regiões: Serra Gaúcha, Campos de Cima da Serra, Serra do Sudeste e Campanha Gaúcha.

Ao Norte, estão as regiões da Serra Gaúcha e de Campos de Cima da Serra, que são responsáveis por aproximadamente 85% da produção nacional de vinhos. A Serra Gaúcha está entre os paralelos de latitude 28° e 29°, em altitudes que variam entre 600 m e 1.000 m acima do nível do mar. Seu clima é temperado, com invernos rigorosos e verões quentes. A ocorrência de chuvas na época em que as uvas estão em fase final de amadurecimento, logo antes de sua colheita (entre os meses de dezembro e fevereiro) não é incomum. O solo é pobre, predominantemente basáltico e um pouco argiloso. Campos de Cima da Serra é, na verdade, uma microrregião ao norte da Serra Gaúcha, situada em altitude aproximada de 1.000 m acima do nível do mar. O clima é mais frio do que na Serra.

Duas condições altamente favoráveis demonstram o protagonismo da Serra Gaúcha no cenário vitivinícola brasileiro. De um lado, a presença de cidades com indústria vitivinícola já bem estabelecida, como Garibaldi, Caxias do Sul, Flores da Cunha, Monte Belo do Sul, Cotiporã, Antonio Prado e Farroupilha. De outro, a certificação de Denominação de Origem (D.O.) e Indicação de Procedência (I.P.) de áreas de produção enológica: a D.O. Vale dos Vinhedos e as I.P. Pinto Bandeira, Altos Montes e Monte Belo do Sul, além da I.P. Farroupilha (com foco exclusivo na variedade Moscatel). As principais cepas cultivadas na zona são Cabernet Sauvignon, Merlot, Cabernet Franc, Tannat, Ancellotta, Pinot Noir, Chardonnay, Moscato, Riesling Itálico, Malvasia e Glera (Prosecco).

Mais ao Sul do estado gaúcho estão as regiões da Serra do Sudeste e da Campanha Gaúcha, esta última já na fronteira com o Uruguai. Alguns dos vinhedos mais antigos do país estão nessas áreas, que têm recebido grandes investimentos nos últimos anos. Características como solos arenosos, ricos em granito e calcário e de boa drenagem, associados a um clima seco, de invernos rigorosos, verões quentes, índices pluviométricos baixos e dias longos, propiciam o bom desenvolvimento das videiras. De fato, na Campanha, grandes vinícolas brasileiras mantêm projetos diferenciados. As principais uvas cultivadas são Cabernet Sauvignon, Merlot, Tannat, Pinot Noir, Chardonnay, Touriga Nacional, Tempranillo, Sauvignon Blanc, Pinot Gris e Gewürztraminer.

VALE DOS VINHEDOS

Única Denominação de Origem brasileira até o momento, o Vale dos Vinhedos ocupa uma área total de 81.123 km², que se estende entre os municípios de Bento Gonçalves, Garibaldi e Monte Belo do Sul. A fim de receber o selo D.O., cada um dos estilos de vinho produzidos na região deve seguir regras bastante firmes. Os tintos podem ser varietal Merlot, com mínimo de 85% da variedade ou assemblage tinto, com mínimo de 60% de Merlot, utilizando no corte apenas as demais variedades autorizadas. Brancos podem ser varietal Chardonnay, novamente com mínimo de 85% da variedade ou assemblage branco, com no mínimo 60% de Chardonnay, utilizando Riesling Itálico no corte. Os vinhos base dos espumantes devem ter no mínimo 60% de Chardonnay e/ou Pinot Noir e sua elaboração deve ser pelo método tradicional. As videiras devem observar limite de produtividade, há normas para graduação alcoólica e método de colheita das uvas e expedientes como a chaptalização são vedados, entre outras regras.

me

hores

Campeões do ano
Melhores espumantes

Luiz Argenta Cave Rosé Nature 48 meses 2013

Elegance Nature

Campeões do ano
Melhores brancos

Guaspari Vista do Bosque Viognier 2016

Luiz Argenta Cave Chardonnay 8 Anos 2012

Destaques por categorias
Espumantes

130 Brut Rosé

Casa Valduga Sur Lie 30 Meses Nature

Estrelas do Brasil Brut Clássico

Maximo Boschi Biografia Extra Brut 2013

Destaques por categorias
Espumantes

MELHOR ESPUMANTE SUR LIE
AD 92 PTS
GUIA ADEGA 2019 | 20

ESPUMANTE MÉTODO ANCESTRAL
AD 91 PTS
GUIA ADEGA 2019 | 20

MELHOR MOSCATEL ESPUMANTE
AD 91 PTS
GUIA ADEGA 2019 | 20

MELHOR MOSCATEL ESPUMANTE
AD 91 PTS
GUIA ADEGA 2019 | 20

Pizzato Vertigo Nature 2016

Faccin Malvasia Bianca Nature 2018

Paschoal Moscatel Espumante

Pietra Moscatel Rosé Espumante

DESTAQUES POR CATEGORIAS
Brancos

AURORA EDIÇÃO ÚNICA RIESLING 2014

DÁDIVAS SAUVIGNON BLANC 2018

L.A. JOVEM RIESLING 2018

Destaques por categorias
Brancos

Luiz Argenta Cave Gewürztraminer 2017

Leone di Venezia Oro Vechio 2018

Destaques por categorias
Tintos

Anima Gran Reserva Merlot 2015

Casa Valduga Villa-Lobos Cabernet Sauvignon 2012

Miolo Single Vineyard Pinot Noir 2018

Rastros do Pampa Tannat 2019

VINHOS REVELAÇÃO

CASA VALDUGA TERROIR CABERNET FRANC 2015

LEONE DI VENEZIA GARGANEGA 2017

LEONE DI VENEZIA MONTEPULCIANO 2017

VINHOS REVELAÇÃO

MARIA MARIA DIANA COLHEITA DE INVERNO SYRAH 2017

MENINAS DO VINHEDO PETIT VERDOT 2018

MIOLO SINGLE VINEYARD TOURIGA NACIONAL 2018

VINHOS REVELAÇÃO

PIZZATO VELUDO AZUL RESERVA ALICANTE BOUSCHET 2014

TESTARDI SYRAH 2017

VIAPIANA MICROLOTES GAMAY ESPUMANTE TINTO EXTRA BRUT

Vin

3 Atelier

Idealizada por três amigos, apaixonados pelo vinho. A 3 Atelier, situada na Serra Gaúcha, produz vinhos em edição limitada. A linha, no momento, é composta por um Extra Brut, um Pinot Noir e um Chardonnay.

Região
Serra Gaúcha
Fundação
2016
Enólogo
Maciel Ampese
Endereço
-
Site
www.3atelier.com
Enoturismo

AD **91** PTS

Garoa Extra Brut

Pinto Bandeira	Espumante	$$$$$

Mais uma ótima e tensa versão desse extra-brut, que mostra fruta branca e cítrica de qualidade, bem sustentada por firme textura e vibrante acidez. Equilibrado e vivaz, tem final persistente, com toques salinos, cítricos e de padaria.

Aurora

Região
Serra Gaúcha
Fundação
1931
Enólogo
Flávio Zilio
Endereço
Rua Olavo Bilac, 500 - Cidade Alta - Bento Gonçalves (RS)
Site
www.vinicolaaurora.com.br
Enoturismo

A cooperativa, iniciada no começo dos anos 1930 e implantada no coração de Bento Gonçalves, tem mais de 1.100 famílias associadas, cuja produção média de 70 milhões de quilos de uvas por ano é acompanhada de perto por técnicos. São cerca de 2.800 hectares cultivados.

AD **91** PTS

Aurora Edição Única Riesling 2014

Serra Gaúcha	Branco	$$

Deliciosa surpresa, que comprova, quando bem vinificada, o grande potencial dessa variedade na Serra Gaúcha. Tem ótimo corpo, textura cremosa, acidez refrescante e muito pêssego maduro. Seu final é persistente, com toques florais, salinos e de frutos secos. Está jovem e tem tudo para ficar ainda melhor nos próximos 5 anos.

AD **90** PTS

Aurora Procedências Pinot Noir Brut

Tuiuty	Espumante	$$

Mantém o estilo mais austero, mas dessa vez mostra perfil de fruta mais fresca e vibrante acidez, que trazem equilíbrio ao conjunto. Tem gostosa textura e final agradável, com toques salinos, tostados e de abacaxi.

AD **89** PTS

Aurora Brut

Bento Gonçalves	Espumante	$

Mais uma ótima e fresca versão desse espumante, elaborado exclusivamente a partir de Chardonnay. Mostra notas tostadas envolvendo sua fruta branca e tropical. Tem gostosa textura, vibrante acidez e final agradável, com toques cítricos e salinos. Ótima surpresa.

AD **89** PTS

Aurora Millésime Cabernet Sauvignon 2015

Serra Gaúcha	Tinto	$$$$

Num estilo mais austero e gastronômico, tem taninos finos e boa acidez, que envolvem toda sua fruta, lembrando ameixas e cassis. As notas de ervas e de especiarias picantes dão o toque final de complexidade. A madeira ainda está muito evidente e, nesse momento, aparece no final de boca mais do que deveria. Nada que alguns anos de garrafa não resolvam.

AD **89** PTS

Aurora Moscatel Espumante

Bento Gonçalves	Espumante	$

Mais uma fresca e vibrante versão desse Moscatel Espumante. Gostoso de beber e fácil de agradar, mostra frutas brancas equilibradas por gostosa acidez e boa textura. Tem final com toques de limão e de maçã verde, que trazem equilíbrio ao conjunto.

AD **89** PTS

Aurora Procedências Brut Rosé

Bento Gonçalves	Espumante	$$

Diferentemente da versão anterior, que privilegiava a acidez e a fruta fresca, nessa edição mostra perfil mais vinoso, com frutas vermelhas maduras, boa textura e toques tostados e de frutos secos.

89 PTS — Aurora Varietal Riesling Itálico 2018

Bento Gonçalves	Branco	$

Sempre consistente e cheio de tipicidade, mostra frutas de caroço e brancas maduras acompanhadas de notas florais e de ervas frescas. No palato, tem acidez vibrante, textura cremosa e final médio/longo, com toques salinos e de pêssegos.

88 PTS — Aurora Pequenas Partilhas Notáveis da América Cabernet Franc 2017

Bento Gonçalves	Tinto	$$

Ainda jovem, mostra perfil de frutas vermelhas maduras acompanhadas por notas terrosas, de couro, de especiarias doces e de tabaco, que se confirmam na boca. Tem boa acidez e taninos de grãos finos. Por enquanto, a madeira tem papel mais importante do que deveria.

88 PTS — Aurora Procedências Chardonnay Brut

Lajeadinho	Espumante	$$

Nessa edição mostra um estilo mais estruturado, com suas frutas de perfil mais maduro bem equilibradas por refrescante acidez e boa textura. Tem leve amargor final, que não chega a incomodar.

88 PTS — Aurora Varietal Chardonnay 2018

Bento Gonçalves	Branco	$

Aqui menos é mais. Despretensioso e fácil de gostar, esbanja abacaxi maduro acompanhado de notas florais e de ervas, tudo permeado por refrescante acidez e gostosa textura.

87 PTS — Aurora Moscatel Rosé Espumante

Bento Gonçalves	Espumante	$

Esbanja morangos maduros acompanhados por notas florais e de ervas, tudo bem equilibrado por refrescante acidez e final com toques cítricos e salinos, que pedem mais um gole.

87 PTS — Aurora Prosecco Brut

Bento Gonçalves	Espumante	$

Sempre com boa tipicidade, nessa versão mostra perfil de fruta branca mais madura, tudo bem equilibrado por gostosa acidez e textura cremosa.

87 PTS — Conde de Foucauld Brut

Bento Gonçalves	Espumante	$

Bem feito dentro de sua proposta, oferece o que promete: boa acidez, muita fruta e certa cremosidade. Despretensioso e fácil de agradar.

87 PTS — Marcus James Brut

Bento Gonçalves	Espumante	$

Sempre consistente, mostra refrescante acidez e gostosa textura, que apoiam toda sua fruta cítrica e tropical. Tem final agradável, com toques salinos e cítricos.

Outros vinhos degustados

86 PTS — Aurora Demi-Sec
Bento Gonçalves | Espumante | $

86 PTS — Saint Germain Brut
Bento Gonçalves | Espumante | $

85 PTS — Marcus James Demi-Sec
Bento Gonçalves | Espumante | $

85 PTS — Saint Germain Moscatel Espumante
Bento Gonçalves | Espumante | $

Batalha Vinhas e Vinhos

Região
Campanha Gaúcha
Fundação
2011
Enólogo
Adolfo Lona
Endereço
BR 293, Km 144 - Candiota (RS)
Site
www.vinhosbatalha.com.br
Enoturismo

Unindo o idealismo às características que conferem uma vocação natural de uma região promissora para a vitivinicultura, a Batalha é fruto da união de jovens empreendedores. O nome da jovem vinícola, fundada em 2011, é uma referência ao local da propriedade, onde ocorreu a Batalha do Seival.

AD 90 PTS

Batalha Merlot 2016

Campanha Gaúcha | Tinto | **$$$**

Grata surpresa. Chama atenção pelos taninos de fina textura e pela ótima qualidade de fruta negra de perfil mais fresco, lembrando ameixas, tudo equilibrado por gostosa acidez. Tem final médio e agradável, com toques terrosos e de especiarias doces.

AD 88 PTS

Batalha Cabernet Sauvignon 2017

Campanha Gaúcha | Tinto | **$$$**

Faz um bom par com o Merlot. Mostra a Cabernet sem maquiagens e sem medo de seu lado de ervas e de especiarias picantes. Tem taninos de boa textura e refrescante acidez.

AD 90 PTS

Batalha Premium Cabernet Sauvignon 2013

Campanha Gaúcha | Tinto | **$$$$$**

Uma interpretação mais ambiciosa da cepa, que chama atenção pela ótima textura de taninos e pela fruta de qualidade, tudo bem sustentado por acidez refrescante. Ainda está jovem e, pelo menos por enquanto, a madeira tem papel mais importante do que deveria.

BellaQuinta

A década de 1990 marca o início da família na produção de vinhos no interior paulista, tendo como fundador Brasil de Góes. Os primeiros vinhos com o rótulo BellaQuinta, porém, começaram a ser comercializados somente na safra 2005. Atualmente, contam com tintos, brancos e espumantes elaborados com uvas tanto da Serra Gaúcha como de São Roque.

Região
São Roque e Flores da Cunha
Fundação
2008
Enólogo
Gustavo Camargo Borges
Endereço
Estrada do Vinho, nº 9611 - Distrito de Canguera - São Roque (SP)
Site
www.bellaquinta.com.br
Enoturismo

AD **88** PTS
BellaQuinta Branco Licoroso Doce

São Roque	Doce	$$$$

Mostra notas de laranjas em compota acompanhadas de notas florais e de frutos secos, tanto no nariz quanto na boca. Tem gostosa acidez e boa textura, que trazem certo equilíbrio a sua doçura.

AD **88** PTS
BellaQuinta Song Reserva 2017

Serra Gaúcha	Tinto	$$$

Mostra boa fruta, lembrando ameixas e cerejas acompanhadas de notas florais, terrosas e de especiarias doces, que se confirmam na boca. Tem acidez na medida e taninos de boa textura, que pedem a companhia de carnes vermelhas ensopadas.

AD **87** PTS
BellaQuinta Artemis Tannat 2018

Serra Gaúcha	Tinto	$$$

Gostoso em sua simplicidade, tem fruta vermelha fresca, taninos firmes e vibrante acidez. Para o churrasco.

Bodega Sossego

Região
Campanha Gaúcha
Fundação
2004
Enólogo
Maciel Ampese
Endereço
Estrada do Caiboaté, BR 290 km 700 - Queimada s/nº, Uruguaiana (RS)
Site
www.sossego.net
Enoturismo

A Bodega Sossego nasceu de um hobby cultivado pela família Ormazabal Moura na Estância do Sossego, em Uruguaiana. Em 2011, depois de completar um MBA na Inglaterra, René Ormazabal Moura deu forma ao negócio e lançou seu primeiro vinho em 2012.

AD **90** PTS

Camp4ña Blanc de Blancs Chardonnay Chardonnay Brut

Rio Grande do Sul | Espumante | $$$$

Mais uma boa tiragem desse espumante, elaborado em partes iguais com Chardonnay tanto da Campanha quanto da Serra Gaúcha. Chama atenção pela vibrante acidez e pelos toques salinos que trazem vibração ao conjunto. Frutado e cremoso, tem gostosa acidez e final persistente, com toques salinos e de ervas.

AD **90** PTS

Camp4ña Chardonnay Cabernet Sauvignon Brut Rosé

Rio Grande do Sul | Espumante | $$$$

Faz um bom par com seu irmão branco. Cheio de toques terrosos e especiados, mostra frutas vermelhas maduras bem sustentadas por gostosa textura e refrescante acidez. Austero e gastronômico, tem final austero com toques salinos e de ervas.

AD **89** PTS

Campaña Chardonnay 2018

Campanha Gaúcha | Branco | $$$$

Uma boa versão desse Chardonnay, que tem acidez vibrante, muita fruta tropical fresca e textura firme, que trazem sustentação ao conjunto e ao aporte da madeira.

Bueno Wines

Fundada em 2009 pelo narrador esportivo Galvão Bueno, a Bueno Wines produz hoje sete rótulos na Campanha Gaúcha e dois na Toscana, Itália, todos com a assinatura do enólogo italiano Roberto Cipresso.

Região
Campanha Gaúcha
Fundação
2009
Enólogo
Roberto Cipresso
Endereço
Rodovia BR 293 - km 143, s/nº - Chácara Bellavista - Candiota (RS)
Site
www.buenowines.com.br
Enoturismo
-

AD **91** PTS

Anima Gran Reserva Merlot 2015

Campanha Gaúcha | Tinto | $$$$$

Empolgante e promissor Merlot de Galvão Bueno. Perfil clássico no estilo de Bordeaux da margem direita com belo equilíbrio. O primeiro vinho a solicitar a denominação Gran Reserva no Brasil. Revela o bom uso da madeira, com especiarias, mirtilo, framboesa e terra molhada. Depois, frescor, bons taninos e um toque quase salino, e final vibrante. Com o tempo, a taça se abre ao tabaco.

AD **90** PTS

Bellavista Estate Pinot Noir 2017

Campanha Gaúcha | Tinto | $$$$

Seguramente a melhor versão desse vinho que provamos. Nítido, mostra aromas de cerejas acompanhadas de notas florais e de especiarias doces, que se confirmam no palato. Bem feito em seu estilo de fruta mais madura, tem acidez refrescante e taninos de boa textura, que trazem tensão ao conjunto. Tem final agradável, com toques terrosos e salinos. Uma versão em pureza, sem madeira, seria muito bem-vinda.

AD **90** PTS

Bellavista Estate Sauvignon Blanc 2018

Campanha Gaúcha | Branco | $$$$

Sempre consistente, nessa safra apresenta maior volume de boca e textura mais firme, tudo envolto por refrescante acidez e muita fruta tropical (maracujá) e cítrica. Tem final cativante, com toques salinos, de menta e de limão siciliano.

AD **90** PTS

Bueno Cuvée Prestige Brut Tiragem 2015

Vale dos Vinhedos | Espumante | $$$$$

Nessa tiragem 2015, mostra a cremosidade e volume de boca das edições anteriores, porém com perfil de frutas brancas e de caroço mais frescas, o que aporta maior tensão e firmeza ao conjunto. Tem final persistente, com toques cítricos, de fermento, de frutos secos e de especiarias doces. Tem qualidade e equilíbrio para uma versão extra brut ou nature.

AD **89** PTS

Bellavista Desirée Brut Rosé

Campanha Gaúcha | Espumante | $$$$$

Mais uma ótima tiragem desse espumante, que mostra harmonia entre fruta vermelha madura e sua refrescante acidez, tudo num contexto de gostosa cremosidade e final com toques salinos, cítricos e de morangos.

AD 89 PTS

Bueno Paralelo 31 2015

Campanha Gaúcha	Tinto	$$$$$

Belo e ambicioso tinto, bem feito em seu estilo mais opulento de maior madurez. Apesar da fruta vermelha de qualidade e dos taninos de fina textura, a madeira tem papel mais importante do que deveria, aparecendo no final de boca, pelo menos por enquanto.

AD 89 PTS

VIN Tinto

Campanha Gaúcha	Tinto	$$$$

Aqui menos é muito mais. Fácil de agradar e de beber, mostra ameixas maduras acompanhadas de notas especiadas e de ervas, típicas da Cabernet Sauvignon. No palato, tem taninos aveludados, gostosa acidez e final com toques terrosos.

Outros vinhos degustados

AD 86 PTS **VIC Brut**
Campanha Gaúcha | Espumante | **$$$$**

Cantina Tonet

A Cantina Tonet é uma empresa familiar, situada na Serra Gaúcha e é, atualmente, administrada por Ivo Tonet, Beatriz Tonet e seus três filhos, um administrador da vinícola, outro enólogo responsável pelos vinhos e o terceiro, engenheiro agrônomo, que cuida do campo.

Região
Serra Gaúcha
Fundação
1950
Enólogo
Mosar Tonet
Endereço
Estrada Municipal Vicente de Menezes, 500, Linha 40, Caxias do Sul (RS)
Site
www.cantinatonet.com.br
Enoturismo

AD **90** PTS

Cantina Tonet Moscatel Espumante

Serra Gaúcha | Espumante | $$

Grata surpresa, mostra frutas brancas frescas escoltadas por notas florais e de ervas, tudo equilibrado por acidez vibrante e textura cremosa. Nada enjoativo e gostoso de beber, tem final cativante, com toques de limão siciliano, que convidam a uma segunda taça.

AD **89** PTS

Cantina Tonet Prosecco Brut

Monte Belo do Sul | Espumante | $$

Refrescante e despretensioso, mostra frutas brancas escoltadas por acidez refrescante e boa textura. Tem final agradável com toques salinos e cítricos.

AD **88** PTS

Cantina Tonet Brut

Serra Gaúcha | Espumante | $$

Gostoso de beber e fácil de agradar, esbanja frutas brancas e de caroço maduras, bem equilibradas por gostosa acidez, textura agradável e final com toques salinos e de limão tahiti.

Outros vinhos degustados

AD **86** PTS
Cantina Tonet Malbec
Monte Belo do Sul | Tinto | **$$**

AD **86** PTS
Cantina Tonet Sauvignon Blanc 2019
Campos de Cima da Serra | Branco | **$$**

Cappelletti

Região
Farroupilha
Fundação
2005
Enólogo
Nelson Randon
Endereço
Estrada FR 104 s/n - Santos Anjos, 4º Distrito de Farroupilha (RS)
Site
www.vinhoscappelletti.com.br
Enoturismo

Fundada em 2005, a vinícola Cappelletti está situada no coração do Vale Trentino, dentro da I.P. de Farroupilha. Destacam-se em sua linha, como era de se esperar, os espumantes e brancos elaborados a partir de variedades de Moscato.

AD 90 PTS — Cappelletti Moscatel Espumante

Vale Trentino | Espumante | $

Encantador e de ótima tipicidade, mostra maçãs em profusão acompanhadas de notas florais e de ervas frescas, que se confirmam no palato. Tem acidez vibrante, textura cremosa e final gostoso, com toques salinos e cítricos. Mais uma prova da vocação do Vale Trentino na elaboração de Moscatel Espumante.

AD 90 PTS — Cappelletti Moscatel Rosé Espumante

Vale Trentino | Espumante | $

Apesar do estilo de maior dulçor, tem textura firme e acidez refrescante, que equilibram o conjunto. O final com tons salinos e cítricos dão o toque final e o tornam gostoso de beber, fácil de agradar e nada enjoativo.

AD 89 PTS — Cappelletti Moscato Giallo

Vale Trentino | Branco | $

Aqui menos é muito mais. Limpo e nítido no nariz, mostra frutas brancas e de caroço acompanhadas de notas florais e de ervas, que se confirmam na boca. Tem gostosa acidez, ótima textura e final agradável, com toques salinos e cítricos pedindo mais um gole.

AD 88 PTS — Cappelletti Cabernet Sauvignon

Vale Trentino | Tinto | $

Simples e despretensioso, faz um bom par com seu irmão branco, o Moscato Giallo. Aqui também menos é mais. Rica fruta vermelha fresca, notas de especiarias picantes e gostosa textura de taninos.

Outros vinhos degustados

AD 86 PTS — **Cappelletti Brut**
Vale Trentino | Espumante | $

AD 85 PTS — **Cappelletti Demi-Sec**
Vale Trentino | Espumante | $

AD 84 PTS — **Cappelletti Brut Rosé**
Vale Trentino | Espumante | $

Cárdenas

Jovem vinícola situada em Mariana Pimentel, grande Porto Alegre, a Cárdenas testou mais de 60 variedades de castas antes de implantar seu vinhedo e somente as mais adaptadas foram cultivadas em 16 hectares. Até agora os destaques vão para os espumantes e a Petit Verdot.

Região
Serra do Sudeste
Fundação
2010
Enólogo
João Carlos Taffarel
Endereço
Linha Saint Brisson s/n, Bairro Saint Brisson, Mariana Pimentel (RS)
Site
www.vinicolacardenas.com.br
Enoturismo
-

AD 90 PTS

Cárdenas Brut

Mariana Pimentel | Espumante | $$$$$

Faz um bom par com seu irmão nature, tem gostosa textura, acidez vibrante e final cativante, com toques salinos e de limão tahiti. As frutas brancas e de caroço maduras envolvem o conjunto, pedindo uma segunda taça.

AD 90 PTS

Meninas do Vinhedo Petit Verdot 2018

Mariana Pimentel | Tinto | $$$$$

Surpreende pela qualidade da fruta e pelos taninos de fina textura, tudo num contexto de ótima acidez. Ainda está muito jovem e precisa de mais alguns anos de garrafa para integrar o aporte do carvalho. Mas nada que um pouco de paciência não resolva. Atenção com esse vinho, ele merece tempo na taça ou na adega.

AD 89 PTS

Cárdenas Nature

Mariana Pimentel | Espumante | $$$$$

Primeiro vinho degustado das cercanias da Lagoa dos Patos, um verdadeiro precursor. Espumante fino e com boa estrutura. A parte branca da laranja confere saboroso amargor. Um bom toque mineral, quase salino e cítrico, com leve oxidação emoldurado por boa acidez. Álcool 12%.

AD 89 PTS

Pássaro da Lua Merlot 2014

Mariana Pimentel | Tinto | $$$$$

Mostra fruta viva, lembrando ameixa fresca acompanhada de notas florais, terrosas e de especiarias doces, que se confirmam na boca. No palato, tem gostosa acidez, taninos de boa textura e final com toques salinos e do aporte da madeira, que, pelo menos por enquanto, sente-se mais do que se deve no final de boca.

AD 88 PTS

Cárdenas Brut Rosé

Mariana Pimentel | Espumante | $$$$$

Mostra estilo de frutas vermelhas mais maduras, lembrando morangos em calda, mas tem acidez refrescante e textura firme que trazem certo equilíbrio ao espumante.

AD 88 PTS

Meninas do Vinhedo Merlot 2018

Mariana Pimentel | Tinto | $$$$$

Mostra estilo de frutas vermelhas e negras maduras, com taninos firmes, acidez refrescante e boa acidez, que sustentam o conjunto e o aporte de madeira, que ainda atua como protagonista, aportando sabores, mais que aromas.

AD **88** PTS

Pássaro da Lua Merlot 2013

Mariana Pimentel	Tinto	$$$$$

Apesar da madeira ter papel mais importante do que deveria, tanto no nariz quanto na boca, aqui há fruta vermelha de qualidade, gostosa acidez e final com toques salinos, que trazem sustentação ao vinho.

AD **87** PTS

Cárdenas Demi-Sec

Mariana Pimentel	Espumante	$$$$$

Demonstra cuidado na elaboração, nessa categoria tão negligenciada por aqui. Tem complexidade, muita fruta e bom equilíbrio entre acidez e doçura.

Carvalho Branco

Carvalho Branco é um projeto para criar um espumante no terroir da Serra da Mantiqueira, em Minas Gerais. Com uvas produzidas e vinificadas em Caldas, o espumante Carvalho Branco é feito com método tradicional e estágio em garrafa de 28 meses sobre as borras.

Região
Minas Gerais
Fundação
2009
Enóloga
Isabela Peregrino
Endereço
Estrada Caldas ao Bairro Coroado, s/n, CX. P: 56 | Caldas, Minas Gerais
Site
-
Enoturismo

AD 89 PTS

Carvalho Branco Nature

Caldas	Espumante	$$$$$

Apresenta gostosa acidez e boa cremosidade escoltando suas frutas cítricas e brancas. Firme e austero, tem final agradável, com toques salinos, de fermento e de frutos secos.

Casa Fontanari

Região
Serra Gaúcha
Fundação
2013
Enólogo
Família Fontanari
Endereço
Caminhos de Pedra - Bento Gonçalves - RS
Site
www.casafontanari.com.br
Enoturismo

A família Fontanari produz uvas na Serra Gaúcha desde a década de 1930, porém somente a partir de 2013 passou a comercializar vinhos com marca própria. Nos vinhedos da família são cultivadas 22 variedades distintas, entre elas Nebbiolo, Syrah, Marselan, Ancellotta e Trebbiano Toscano.

AD 89 PTS

Casa Fontanari Ancellotta 2016

Bento Gonçalves	Tinto	$$$$

Gostoso em sua rusticidade, mostra os taninos "empoeirados" e os toques terrosos da variedade, com a madeira aparecendo como coadjuvante, agregando texturas e certa complexidade. Mostra fruta vermelha viva e vibrante acidez, que torna impossível pensar nesse tinto longe da mesa.

AD 88 PTS

Mion Brut Rosé

Bento Gonçalves	Espumante	$$$

Num perfil mais vinoso e estruturado, tem textura firme, acidez vibrante, muita fruta vermelha fresca e final com toques salinos e cítricos.

AD 88 PTS

Mion Moscatel Espumante

Bento Gonçalves	Espumante	$$

Num estilo de fruta branca mais madura e de maior sensação de dulçor, mas também de boa tipicidade, mostrando notas florais e muita maçã.

AD 87 PTS

Casa Fontanari Cabernet Sauvignon 2016

Bento Gonçalves	Tinto	$$$

Apesar da madeira ter papel bem importante tanto no nariz quanto na boca, tem boa fruta, taninos firmes e vibrante acidez, que pedem comida.

AD 87 PTS

Mion Blanc de Blancs Brut

Bento Gonçalves	Espumante	$$$

Cheio de frutas brancas e cítricas tanto no nariz quanto na boca. Tem vibrante acidez e boa textura.

Outros vinhos degustados

AD 86 PTS **Mion Demi-Sec**
Bento Gonçalves | Espumante | **$$**

AD 86 PTS **Quasímodo Assemblage 2017**
Bento Gonçalves | Tinto | **$$**

AD 85 PTS **Flora Dolci**
Bento Gonçalves |Espumante | **$$$$**

Casa Onzi

A Casa Onzi é uma empresa familiar localizada no Vale Trentino, Caxias do Sul. Produz vinhos de mesa, sucos de uva, vinhos finos e espumantes, preservando a tradição de seus antepassados.

Região
Serra Gaúcha
Fundação
2004
Enólogo
Ismael Onzi
Endereço
Capela Menino Deus, s/nº, Forqueta, Caxias do Sul, RS
Site
-
Enoturismo

AD 90 PTS — Casa Onzi Moscatel Espumante

Serra Gaúcha	Espumante	$

Mais uma ótima tiragem desse Moscatel Espumante cheio de notas florais e de ervas frescas. Tem acidez vibrante, textura cremosa e toques salinos e cítricos, que trazem equilíbrio e tensão ao conjunto. Nada enjoativo, pede uma segunda taça.

AD 88 PTS — Casa Onzi Moscato Giallo

Vale Trentino	Branco	$

De boa tipicidade, mostra notas florais e de ervas frescas envolvendo as frutas brancas e cítricas, tudo num contexto de gostosa acidez e boa textura.

AD 87 PTS — Casa Onzi Chardonnay

Monte Belo do Sul	Branco	$

Aqui menos é mais. Mostra abacaxi fresco, bem equilibrado por gostosa acidez, boa textura e final com toques salinos e cítricos.

Outros vinhos degustados

AD 86 PTS — Casa Onzi Brut
Serra Gaúcha | Espumante | $

AD 86 PTS — Casa Onzi Sauvignon Blanc
Monte Belo do Sul | Branco | $

AD 85 PTS — Casa Onzi Moscato
Vale Trentino | Branco | $

Casa Pedrucci

Região
Serra Gaúcha
Fundação
2002
Enólogo
Gilberto Pedrucci
Endereço
Linha Presidente Soares, s/nº, Garibaldi - RS
Site
www.casapedrucci.com.br
Enoturismo

Consistente vinícola familiar comandada pelo experiente enólogo Gilberto Pedrucci, descendente de italianos. Com seu avô, ainda criança, ele teve o primeiro contato com a tradição da uva e do vinho. A Casa Pedrucci elabora principalmente espumantes pelo método tradicional.

AD 91 PTS — Casa Pedrucci Reserva Brut 2016

Serra Gaúcha | Espumante | $$$$

Cremoso, de borbulhas finas e cheio de frutas brancas e de notas de padaria, tem acidez refrescante, bom volume de boca e final persistente, com toques salinos, de especiarias doces e de frutos secos. Gostoso e refinado, para acompanhar uma refeição do início ao fim.

AD 91 PTS — Casa Pedrucci Reserva Nature 2016

Serra Gaúcha | Espumante | $$$$

Comparado ao seu irmão brut, esse é menos democrático, mais austero e vertical, não fazendo nenhuma concessão ao dulçor. Nessa edição, mantém o estilo vinoso e estruturado tão característico dos espumantes da casa, com toques de cascas de frutos secos no final.

AD 91 PTS — Massimo Pedrucci Reserva Brut

Serra Gaúcha | Espumante | $$$$

Cheio de frutas brancas e de notas de padaria, tem boa acidez e final persistente, com toques salinos, especiados e de frutas secas. Cremoso e cativante, pede uma segunda taça.

AD 91 PTS — Massimo Pedrucci Reserva Nature

Serra Gaúcha | Espumante | $$$$

Num estilo mais vinoso e austero, tem acidez vibrante, bom volume de boca e final com toques salinos e cítricos. Vertical e gastronômico por natureza, tem toda versatilidade para escoltar uma refeição completa.

AD 90 PTS — Casa Pedrucci Moscatel Espumante 2019

Serra Gaúcha | Espumante | $$

Vivo e cheio de maçãs tanto no nariz quanto na boca, tem ótima acidez que equilibra seu dulçor, tornando-o agradável, fácil de gostar e nada enjoativo. As notas florais e de ervas, além do final com toques salinos e cítricos, dão o tempero final.

AD 89 PTS — Casa Pedrucci Brut Rosé 2017

Serra Gaúcha | Espumante | $$$

Nessa edição, volta a ter o equilíbrio costumeiro entre fruta vermelha suculenta e acidez vibrante, tudo sustentado por textura cremosa e final agradável, que pedem uma segunda taça.

AD 89 PTS

Massimo Pedrucci Brut Rosé

Serra Gaúcha	Espumante	$$$$

Apesar do estilo de frutas vermelhas mais maduras e de maior sensação de dulçor, tem vibrante acidez e gostosa textura, que trazem sustentação ao conjunto, pedindo mais um gole.

AD 88 PTS

Casa Pedrucci Brut 2017

Serra Gaúcha	Espumante	$$$

Nessa edição, mostra perfil de fruta mais madura e de maior sensação de dulçor, mas com gostosa acidez e textura firme e cremosa, que trazem certo equilíbrio ao conjunto.

AD 88 PTS

Cave 18 Brut Rosé

Serra Gaúcha	Espumante	$$$$

Apesar do estilo mais vinoso, de fruta mais madura e de maior sensação de dulçor, tem gostosa acidez e textura cremosa, que trazem equilíbrio ao conjunto.

AD 88 PTS

Occasione Brut

Serra Gaúcha	Espumante	$$

Bem feito em seu estilo mais acessível e de maior sensação de dulçor, mostra frutas brancas acompanhadas de notas florais, herbáceas e de especiarias doces. Cremoso e gostoso de beber, tem acidez refrescante e final com toques cítricos.

Casa Perini

Região
Serra Gaúcha
Fundação
1970
Enólogo
Leandro Santini
Endereço
Santos Anjos, s/nº - Farroupilha (RS)
Site
www.casaperini.com.br
Enoturismo

A história da família no Brasil começa em 1876 com a chegada dos italianos Antonio e Giuseppe Perini na Serra Gaúcha. Três gerações depois, Benildo – neto de Giuseppe – fundou a vinícola no Vale Trentino.

AD **90** PTS

Casa Perini Método Tradicional Nature

Vale Trentino	Espumante	$$$$$

Mais uma ótima tiragem desse espumante cheio de frutas tropicais seguidas de notas especiadas, amanteigadas, de padaria e de camomila. Cremoso e estruturado, tem vibrante acidez, ótima textura e final persistente, com toques cítricos, salinos e de frutos secos.

AD **90** PTS

Casa Perini Moscatel Espumante

Vale Trentino	Espumante	$$$

Sempre entre os melhores Moscatel Espumante do Brasil, esbanja maçãs maduras acompanhadas de notas florais e de ervas frescas, que se confirmam no palato. Nada enjoativo, tem acidez vibrante, textura cremosa e final com toques salinos e cítricos, que trazem equilíbrio ao conjunto.

AD **89** PTS

Casa Perini Prosecco Brut

Vale Trentino	Espumante	$$$

Sempre consistente, esta é mais uma ótima tiragem desse espumante, que esbanja frutas brancas escoltadas por refrescante acidez, textura cremosa e final cativante, com toques cítricos, pedindo mais um gole.

AD **89** PTS

Fração Única Merlot 2015

Vale Trentino	Tinto	$$$$

Gostoso de beber e fácil de agradar, tem taninos aveludados e acidez na medida, que escoltam toda sua fruta, que lembra ameixa. Tem taninos de boa textura e acidez refrescante, que trazem vivacidade ao vinho.

AD **89** PTS

Vitis Marselan 2016

Vale Trentino	Tinto	$$$$

Num estilo amável e fácil de agradar, mostra essa cepa de perfil rústico de um modo amansado. Apresenta frutas vermelhas acompanhadas de notas terrosas e de especiarias picantes, que se confirmam no palato, tudo equilibrado por gostosa acidez e taninos de fina textura.

AD 88 PTS

Arbo Moscato

Vale Trentino	Branco	$

De boa textura e tipicidade, mostra fruta branca de qualidade, escoltada por notas florais e de ervas, que se confirmam no palato. Tem gostosa acidez e cremosa textura. Aqui menos é muito mais.

AD 88 PTS

Casa Perini Aquarela Moscatel Rosé Espumante

Vale Trentino	Espumante	$$$

Esbanja morangos maduros e em calda, tanto no nariz quanto na boca, tudo bem equilibrado por vibrante acidez e toques cítricos, que trazem vivacidade ao conjunto

AD 88 PTS

Fração Única Chardonnay 2018

Vale Trentino	Branco	$$$

Mantendo-se o menos extraído e amável da linha Fração Única, mostra frutas tropicais frescas escoltadas por notas florais e de especiarias doces. Tem corpo leve, acidez refrescante e final com toques salinos e cítricos.

AD 88 PTS

Vitis Barbera 2015

Vale Trentino	Tinto	$$$$

Apesar do perfil de fruta vermelha mais madura, quase em compota, tem taninos de boa textura e gostosa acidez que trazem certa vivacidade ao conjunto. Suculento e muito frutado, tem final médio/longo, com notas florais, de ervas e de cerejas.

AD 87 PTS

Arbo Marselan

Vale Trentino	Tinto	$$

Mostra sem medo o lado mais rústico da cepa, com seus toques terrosos e o seu lado mais selvagem. Para os embutidos.

AD 87 PTS

Arbo Riesling

Vale Trentino	Branco	$

Despretensioso, gostoso de beber e fácil de agradar. Tem boa tipicidade, muita fruta de caroço e boa acidez.

AD 87 PTS

Arbo Tannat

Vale Trentino	Tinto	$$

Mais uma boa edição deste tinto. Cheio de frutas negras frescas acompanhadas de notas terrosas e de ervas, que pedem a companhia de carnes grelhadas em geral.

AD 87 PTS

Casa Perini Brut

Vale Trentino	Espumante	$$$

Num estilo brut de maior sensação de dulçor, tem refrescante acidez e boa estrutura, que equilibram sua fruta branca de perfil mais maduro.

AD 87 PTS

Casa Perini Brut Rosé

Vale Trentino	Espumante	$$$

Puros morangos maduros e em calda, com boa acidez e textura cremosa, que trazem certo equilíbrio ao vinho e ao seu estilo brut de maior sensação de dulçor.

Outros vinhos degustados

AD 86 PTS
Arbo Cabernet Sauvignon
Vale Trentino | Tinto | **$$**

AD 86 PTS
Arbo Cabernet Sauvignon Merlot
Vale Trentino | Tinto | **$$**

AD 86 PTS
Arbo Merlot
Vale Trentino | Tinto | **$$**

AD 86 PTS
Casa Perini Ice
Vale Trentino | Espumante | **$$$**

AD 86 PTS
Casa Perini Merlot 2017
Vale Trentino | Tinto | **$$**

AD 86 PTS
Casa Perini Solidário Cabernet Sauvignon Merlot 2017
Vale Trentino | Tinto | **$$**

AD 86 PTS
Macaw Merlot 2017
Vale Trentino | Tinto | **$$**

AD 86 PTS
Macaw Moscato 2018
Vale Trentino | Branco | **$**

AD 86 PTS
Noblesse Cabernet Sauvignon 2017
Vale Trentino |Tinto | **$$$**

AD 85 PTS
Casa Perini Cabernet Sauvignon 2017
Vale Trentino | Tinto | **$$$**

AD 85 PTS
Casa Perini Demi-Sec
Vale Trentino | Espumante | **$$$**

AD 85 PTS
Macaw Tropical Moscato Frisante
Vale Trentino | Branco | **$$**

AD 84 PTS
Macaw Tropical Moscato Frisante Rosé
Vale Trentino | Rosé | **$$**

Casa Valduga

Entre os mais bem-sucedidos empreendimentos de enoturismo no Vale dos Vinhedos, a Casa Valduga nasceu da dedicação do casal Luís e Maria Valduga, alcançando o profissionalismo pelas mãos de seus filhos João, Juarez e Erielso e também de alguns dos netos.

Região
Vale dos Vinhedos
Fundação
1973
Enólogos
João Valduga e Daniel Dalla Valle
Endereço
Via Trento 2355, L. Leopoldina, Bento Gonçalves (RS)
Site
www.casavalduga.com.br
Enoturismo

AD 92 PTS — 130 Brut Rosé

Vale dos Vinhedos | Espumante | $$$$$

Mais uma excelente e refinada edição desse rosado, que esbanja equilíbrio e cremosidade, tudo equilibrado por pulsante acidez e firme textura. Tem final cremoso, mesclando notas de frutos secos, de ervas, de fermento e de especiarias doces, com fruta nítida e de qualidade, lembrando morangos frescos.

AD 92 PTS — Casa Valduga Sur Lie 30 Meses Nature

Vale dos Vinhedos | Espumante | $$$$

Esse é o espumante sem degola da Valduga (Sur Lie), que constantemente está entre os melhores elaborados no Brasil. Nessa edição, continua tenso e elétrico, esbanjando frutas cítricas e tropicais acompanhadas de notas de padaria e de frutos secos, tudo envolto por vibrante acidez e textura firme e cremosa. Uma delícia, que se bebe perigosamente fácil e por ser fluido e muito equilibrado, costuma parecer menos complexo do que realmente é.

AD 91 PTS — 130 Brut Dégorgement 2019

Vale dos Vinhedos | Espumante | $$$$$

Exemplo de consistência, esse espumante é sempre um porto seguro. Mostra, nessa versão, perfil de fruta mais fresca, lembrando maçã e abacaxi, tudo sustentado por vibrante acidez, textura firme e final com toques cítricos, salinos e de frutos secos, que convidam a uma segunda taça. Vibrante e cativante.

AD 91 PTS — 130 Special Edition Blanc de Blanc Brut

Vale dos Vinhedos | Espumante | $$$$$

Mais uma edição cremosa, equilibrada e vibrante deste 100% Chardonnay. Mostra ótima acidez, fruta tropical e de caroço de perfil mais fresco, ótimo volume de boca e final persistente, com toques salinos, de lima e de padaria.

AD 91 PTS — Casa Valduga Gran Terroir Identidade Corte 2013

Encruzilhada do Sul | Tinto | $$$$$

Percebe-se claramente que é um vinho mais ambicioso, estruturado e potente, mas que ganha elegância e profundidade na mesma proporção, tudo equilibrado por sua refrescante acidez e taninos de ótima textura. Tem final persistente, com toques de amoras e de grafite.

AD 91 PTS

Casa Valduga Villa-Lobos Cabernet Sauvignon 2012

Vale dos Vinhedos	Tinto	$$$$$

A melhor versão de Villa-Lobos até agora. Comparada às safras anteriores, está mais fresco, tenso e mineral, mostrando a tipicidade da Cabernet escoltada por gostosa acidez e fina textura de taninos. Mas, tem a madeira com papel de alguma importância, além de mostrar um estilo mais concentrado e de maior extração, que precisa de carnes vermelhas mais gordurosas para escoltá-lo ou tempo de garrafa.

AD 90 PTS

130 Special Edition Blanc de Noir Brut

Vale dos Vinhedos	Espumante	$$$$$

Uma tiragem mais encorpada e de perfil de fruta mais madura desse espumante, com acidez refrescante e textura firme, que equilibram o conjunto. Tem final cremoso, com toques de abacaxi em calda, de fermento e de especiarias doces.

AD 90 PTS

Casa Valduga Era Chardonnay SO2 Free 2019

Encruzilhada do Sul	Branco	$$$$

Entrando na onda dos vinhos com mínima intervenção, esse Chardonnay foi vinificado e engarrafado sem adição de SO2. O resultado é um branco vibrante e nítido em frutas tropicais frescas acompanhadas de notas florais e de ervas, tudo envolto por refrescante acidez, textura firme e final com toques salinos e de ervas frescas.

AD 90 PTS

Casa Valduga RSV Brut 25 Meses 2016

Vale dos Vinhedos	Espumante	$$$$

Mais uma ótima tiragem desse espumante, que mostra harmonia entre fruta branca e de caroço e sua refrescante acidez, tudo num contexto de gostosa cremosidade e final com toques salinos, cítricos e de frutos secos.

AD 90 PTS

Casa Valduga RSV Moscatel Espumante 2018

Vale dos Vinhedos	Espumante	$$$

De boa tipicidade, é cheio de frutas brancas acompanhadas de notas florais e de ervas. Nada enjoativo e muito gostoso de beber, tem acidez refrescante e final com toques salinos e cítricos, que trazem equilíbrio ao seu dulçor.

AD 90 PTS

Casa Valduga Terroir Cabernet Franc 2015

Campanha Gaúcha	Tinto	$$$$

Um bela safra desse Franc, mostra notas de tabaco, de especiarias e de ervas envolvendo sua fruta, que lembra ameixas e amoras. Fluido e gostoso de beber, tem acidez refrescante, taninos de ótima textura e final suculento, com toques salinos e terrosos.

AD 90 PTS

Casa Valduga Terroir Gewürztraminer 2018

Encruzilhada do Sul	Branco	$$$

Cativante e gostoso de beber, mostra as típicas notas florais e de pimenta branca da cepa envolvendo toda sua fruta. Tem acidez refrescante, firme textura e final agradável, com toques de lichia e de limão siciliano. Para os pratos agridoces.

AD 89 PTS

Casa Valduga Terroir Sauvignon Blanc 2018

Campanha Gaúcha	Branco	$$$

Uma ótima edição desse branco. Estruturado e cheio de frutas brancas e tropicais maduras, tem gostosa acidez, boa textura e final com toques salinos e de maracujá, que pedem a companhia de ceviche.

Casa Verrone

A Casa Verrone nasceu de um sonho do proprietário Márcio Verrone. Em 2009, foram plantadas as primeiras videiras e logo validou-se o processo. O diferencial de produção é o ciclo invertido (dupla poda), realizando a colheita em pleno inverno.

Região
São José do Rio Pardo
Fundação
2009
Enóloga
Isabela Peregrino
Endereço
Sítio Chaparral, Rodovia Deputado Eduardo Vicente Nasser, KM 03 – Itobi (SP)
Site
www.casaverrone.com.br
Enoturismo
-

AD 89 PTS — Casa Verrone Gran Speciale Cabernet Sauvignon / Franc 2016

São José do Rio Pardo | Tinto | **$$$$$**

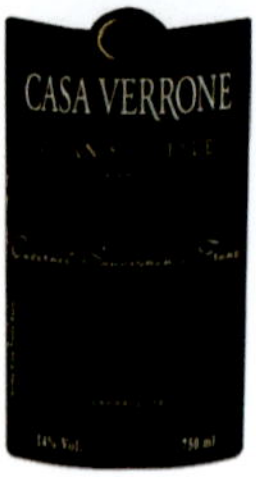

Apesar do estilo de fruta madura, quase em compota, e do aporte da madeira, tem boa acidez e taninos firmes, que trazem sustentação ao conjunto. Ainda jovem, tem tudo para ficar ainda melhor nos próximos anos.

AD 88 PTS — Casa Verrone Sauvignon Blanc 2018

São José do Rio Pardo | Branco | **$$$**

De boa tipicidade, esbanja maracujá acompanhado de notas florais e de ervas, que se confirmam na boca. Tem acidez refrescante, boa textura e final cativante, com toques salinos e cítricos, que pedem a companhia de pescados em geral.

AD 88 PTS — Casa Verrone Colheita Especial Syrah 2018

São José do Rio Pardo | Tinto | **$$$$**

Num estilo de fruta negra mais madura, lembrando ameixas, seguidas pelas típicas notas defumadas, especiadas e de carne, que se confirmam no palato. Tem taninos firmes e gostosa acidez, que trazem sustentação ao conjunto e a toda sua opulência.

AD 87 PTS — Casa Verrone Brut Rosé

São José do Rio Pardo | Espumante | **$$$**

Mostra notas terrosas e de especiarias envolvendo suas frutas vermelhas maduras, tudo sustentado por boa cremosidade, refrescante acidez e final com toques salinos.

Outros vinhos degustados

AD 86 PTS — **Casa Verrone Rosé Syrah 2018**
São José do Rio Pardo | Rosé | **$$$**

Cave de Pedra

Região
Vale dos Vinhedos
Fundação
1997
Enólogo
Daniel Dalla Valle
Endereço
Linha Leopoldina, 315, Vale dos Vinhedos, Bento Gonçalves (RS)
Site
www.cavedepedra.com.br
Enoturismo

A Cave de Pedra dispõe de arquitetura diferenciada, composta por três castelos. As instalações em pedra de basalto garantem a temperatura constante em 18ºC nas caves subterrâneas, espaço onde repousam os vinhos de sua exclusiva e limitada produção.

AD **91** PTS

Pietra Moscatel Rosé Espumante

Vale dos Vinhedos | Espumante | **$$$**

Impressiona pela qualidade de fruta vermelha e branca madura, mostrando ótimo equilíbrio entre dulçor e acidez. Nada enjoativo e muito gostoso de beber, tem final com toques salinos e de limão tahiti.

AD **90** PTS

Pietra Brut Rosé

Vale dos Vinhedos | Espumante | **$$$$**

Num estilo mais vinoso, mostra morangos envoltos por notas florais, tostadas e de ervas, que se confirmam na boca. Cremoso, tem acidez vibrante, bom volume de boca e final persistente, com toques salinos e de frutos secos.

Cave di Pozza

A origem do nome Cave di Pozza é uma homenagem especial à família e também a uma comunidade da região do Trento na Itália. A marca Cave di Pozza foi criada pelo prazer de reunir a família e os amigos, para brindar a vida e apreciar um bom espumante.

Região
Serra Gaúcha
Fundação
2018
Enólogo
Alejandro Cardozo
Endereço
-
Site
www.cavedipozza.com.br
Enoturismo
-

AD 90 PTS — Cave di Pozza Brut Rosé

Serra Gaúcha	Espumante	$$

Uma agradável surpresa. Nessa versão, esbanja morangos maduros e em calda no nariz. Mas, na boca tem acidez vibrante e toques salinos, que trazem equilíbrio ao espumante, tornando-o cativante e gostoso de beber. Aqui menos é mais.

AD 88 PTS — Cave di Pozza Brut

Serra Gaúcha	Espumante	$$

Cheio de fruta e de vivacidade, tem acidez refrescante e textura cremosa que equilibram seu perfil mais adocicado. Direto, descompromissado e fácil de entender, tem final limpo, com toques de maçã verde.

AD 89 PTS — Cave di Pozza Prosecco Brut

Nova Prata	Espumante	$$

De boa tipicidade, mostra frutas brancas como maçãs frescas, acompanhadas de notas florais e de ervas. Gostoso de beber e fácil de agradar, tem refrescante acidez, boa textura e final sedutor, com toques cítricos e salinos.

AD 88 PTS — Cave di Pozza Moscatel Espumante

Serra Gaúcha	Espumante	$$

De bom equilíbrio entre acidez e doçura, mostra notas de ervas frescas escoltando suas frutas brancas crocantes, tanto no nariz quanto boca. Tem final cativante, com toques salinos e de menta.

Courmayeur

Região
Serra Gaúcha
Fundação
1976
Enólogo
Gilson Berselli
Endereço
Av. Garibaldina, 32 - Garibaldi (RS)
Site
www.courmayeur.com.br
Enoturismo

Seu nome – Courmayeur – provém de uma comuna italiana da região do Valle d'Aosta, na fronteira da Itália com a França. Nos anos 1990, a empresa começou a produção de espumantes e, desde 2008, tem aperfeiçoado suas linhas.

AD 90 PTS

Courmayeur Moscatel Espumante

Serra Gaúcha | Espumante | $

Mais uma ótima edição desse consistente Moscatel Espumante. Mostra maçãs frescas acompanhadas de notas florais e de ervas, que se confirmam no palato. Cremoso, tem acidez refrescante e final agradável com toques cítricos.

AD 88 PTS

Courmayeur Executive Extra Brut

Serra Gaúcha | Espumante | $$

Mostra frutas brancas e cítricas tanto no nariz quanto na boca, chamando atenção pela acidez vibrante e pela textura firme. Tem final com toques tostados e de limão siciliano, que pedem a companhia de frutos do mar.

AD 88 PTS

Courmayeur Prosecco Brut

Serra Gaúcha | Espumante | $$

Uma edição fresca e refrescante, mostra frutas brancas escoltadas por gostosa acidez, notas florais e toques cítricos. De boa tipicidade, é gostoso de beber e fácil de agradar.

Outros vinhos degustados

AD 86 PTS **Courmayeur Brut**
Serra Gaúcha | Espumante | $$

AD 86 PTS **Courmayeur Moscatel Rosé Espumante**
Serra Gaúcha | Espumante | $$

AD 85 PTS **Courmayeur Lambrusco Tinto**
Serra Gaúcha | Espumante | $

Dom Cândido

A Dom Cândido é uma das vinícolas do Vale dos Vinhedos de propriedade dos descendentes da família Valduga, que migraram de Rovereto, na Itália, em 1875. Com o passar dos anos, Cândido Valduga foi aprimorando seus vinhedos, que mais tarde deram origem à vinícola.

Região
Vale dos Vinhedos
Fundação
1986
Enólogo
Daniel de Paris
Endereço
Estrada Via Trento, 2169 - Vale dos Vinhedos - Bento Gonçalves (RS)
Site
www.domcandido.com.br
Enoturismo

AD 90 PTS — Dom Cândido Gran Reserva Cabernet Sauvignon 2015

Vale dos Vinhedos	Tinto	$$$$$

Mais uma boa versão desse tinto suculento e encorpado, que tem taninos de ótima textura e refrescante acidez, que trazem sustentação a toda sua fruta vermelha e negra madura e ao aporte da madeira, que, por enquanto, aparece mais do que deveria. Mas, nada que mais alguns anos de garrafa não resolvam. Tem final gastronômico, com toques terrosos, especiados e de couro.

AD 90 PTS — Estrelato Moscatel Espumante

Serra Gaúcha	Espumante	$$

Mais uma ótima tiragem desse Moscatel, que esbanja maçãs maduras escoltadas por notas florais e de ervas, tudo bem equilibrado por refrescante acidez e textura cremosa. Tem final agradável, com toques salinos e cítricos.

AD 89 PTS — 4ª Geração Marselan 2017

Serra Gaúcha	Tinto	$$$$

Mostra sem medo todo o lado rústico e terroso da variedade, nesse caso emoldurado por muita fruta vermelha madura, vibrante acidez, boa textura de taninos e final suculento, com toques especiados e de couro.

AD 89 PTS — Documento Brut

Vale dos Vinhedos	Espumante	$$$$

Notas florais e de ervas envolvem sua fruta branca e de caroço madura, tudo num contexto de refrescante acidez, textura cremosa e final agradável, com toques de fermento e de especiarias doces. Uma versão extra-brut ou nature seria muito bem-vinda.

AD 88 PTS — Documento Merlot 2017

Vale dos Vinhedos	Tinto	$$$$

Bem feito em seu estilo de fruta madura, quase em compota, tem boa acidez e taninos firmes, que trazem certa vivacidade a toda essa opulência. Por enquanto, as notas da madeira aparecem, tanto no nariz quanto na boca, mais do que deveriam.

AD 87 PTS — DC Brut

Serra Gaúcha	Espumante	$$$

Num estilo de frutas brancas mais maduras e de maior sensação de dulçor, com acidez e cremosidade, que trazem certo equilíbrio ao conjunto.

87 PTS

Dom Cândido Reserva Cabernet Sauvignon 2018

Vale dos Vinhedos | Tinto | $$

Apesar da madeira ter papel importante tanto nos aromas quanto nos sabores, tem muita fruta, acidez e taninos de boa textura, que trazem certo equilíbrio ao conjunto.

87 PTS

Estrelato Brut Rosé

Serra Gaúcha | Espumante | $$

Nessa versão, apesar do estilo mais maduro e de maior sensação de dulçor, tem refrescante acidez e final com toques salinos, que trazem sustentação ao conjunto.

Outros vinhos degustados

86 PTS **Dom Cândido Reserva Merlot Cabernet Sauvignon 2018**
Vale dos Vinhedos | Tinto | **$$**

Domínio Vicari

Fixados em Monte Belo do Sul, Lizete Vicari e seu filho são adeptos da mínima intervenção tanto no vinhedo quanto na cantina. Atualmente estão construindo seu espaço próprio de vinificação.

Região
Monte Belo do Sul
Fundação
2008
Enólogo
José Augusto Vicari Fasolo
Endereço
Linha Argemiro Alta, s/n
Linha Armênio, s/n, Interior,
Monte Belo do Sul (RS)
Site
dominiovicari.wixsite/com.home
Enoturismo

AD **90** PTS

Domínio Vicari Chardonnay 2018

Monte Belo do Sul	Branco	$$$$

Mais de boca que de nariz, chama atenção pela textura firme, pela qualidade de fruta tropical e pela acidez refrescante. Cheio de vida e de tensão, tem final com toques salinos e cítricos.

AD **90** PTS

Domínio Vicari Pinot Noir 2017

Monte Belo do Sul	Tinto	$$$$

Vivo e cheio de tensão, mostra estilo terroso e especiado. Tem taninos firmes, gostosa acidez e muita fruta vermelha lembrando cereja, tudo num contexto de refrescante acidez e final com toques salinos, que pedem uma segunda taça. Dê tempo a ele para que mostre a que veio.

AD **89** PTS

Domínio Vicari Malvasia de Cândia 2018

Monte Belo do Sul	Branco	$$$$

Cativante em sua rusticidade, chama atenção pela vivacidade e qualidade de fruta branca e de caroço madura, tudo equilibrado por gostosa acidez, textura firme e final com notas florais e de ervas.

Domno do Brasil

Região
Garibaldi
Fundação
2008
Enólogo
Daniel Dalla Valle
Endereço
Rodovia RST 470, s/nº, Km 224 - Garibaldi (RS)
Site
www.domno.com.br
Enoturismo

Pertencente ao grupo Famiglia Valduga, a Domno foi criada especialmente para fazer espumantes pelo método Charmat, uma vez que os produtos da casa-mãe são de método tradicional. A empresa também investe na importação de vinhos de outros países.

AD 91 PTS — Ponto Nero Cult SO2 Free Brut

Vale dos Vinhedos | Espumante | $$$

Entrando na onda dos vinhos com mínima intervenção, esse brut 100% Chardonnay, foi vinificado e engarrafado sem adição de SO2. O resultado é um espumante vibrante e nítido em frutas tropicais frescas seguidas de notas florais, de ervas e de fermento, que se confirmam na boca. Cremoso e jovial, tem ótima acidez e final com toques salinos e cítricos.

AD 90 PTS — Ponto Nero Cult Brut

Vale dos Vinhedos | Espumante | $$$

Nessa tiragem, mostra ainda mais frescor e cremosidade, tudo escoltado por muita fruta branca e de caroço, acidez refrescante e final agradável e cativante, com toques de limão siciliano, que pedem uma segunda taça.

AD 90 PTS — Ponto Nero Cult Brut Rosé

Vale dos Vinhedos | Espumante | $$$

Mais uma ótima versão desse consistente espumante rosado, que esbanja frutas vermelhas acompanhadas de notas florais, de ervas e de fermento, tudo sustentado por vibrante acidez e firme textura. Tem final cativante, com toques cítricos e salinos.

AD 90 PTS — Ponto Nero Live Celebration Moscatel Rosé Espumante

Vale dos Vinhedos | Espumante | $$

Agora o delicioso Moscatel da Ponto Nero, tem um irmão, esse Moscatel Rosé. Mostra notas florais e de ervas envolvendo sua fruta vermelha e branca madura. Cativante e gostoso de beber, tem acidez refrescante, textura cremosa e final com toques salinos, cítricos e de morangos, que trazem equilíbrio a toda sua doçura.

AD 89 PTS

Ponto Nero Enjoy Sauvignon Blanc Brut

Vale dos Vinhedos	Espumante	$$$$$

Chama atenção pela cremosidade e pela nitidez de fruta, puro suco de limão com borbulhas e notas de ervas frescas por todos os lados. Tem bom volume de boca e ótima acidez, que trazem vivacidade e sustentação ao vinho.

AD 89 PTS

Ponto Nero Live Celebration Brut

Vale dos Vinhedos	Espumante	$$

Focado na fruta e no frescor, tem boa cremosidade e ótima acidez, que sustentam e equilibram o conjunto. Tem final cativante, com toques de maçãs, de ervas e de flores, que pedem uma segunda taça, ou melhor, garrafa. Descompromissado e cativante em sua simplicidade.

AD 89 PTS

Ponto Nero Live Celebration Moscatel Espumante

Vale dos Vinhedos	Espumante	$$

Nítido em sabores de frutas brancas e cítricas acompanhadas de notas florais e de ervas, que aparecem tanto no nariz quanto na boca. Gostoso de beber, mostra bom equilíbrio entre doçura e acidez, pedindo mais um gole. Tem final com toques salinos e cítricos.

AD 88 PTS

Ponto Nero Live Celebration Brut Rosé

Vale dos Vinhedos	Espumante	$$

Num perfil de frutas vermelhas mais maduras, tem acidez refrescante e textura cremosa, que equilibram o conjunto. Tem final com toques salinos, de morangos e de limão siciliano.

AD 88 PTS

Ponto Nero Live Celebration Glera

Vale dos Vinhedos	Espumante	$$

Fácil de beber e de entender, apresenta as típicas notas de frutas brancas acompanhadas de toques florais e de ervas frescas. Simples, direto, jovial e refrescante. Perfeito para o aperitivo.

Don Abel

Região
Serra Gaúcha
Fundação
2005
Enólogo
Ben-Hur Rigoni
Endereço
Rodovia RS 324 - Casca (RS)
Site
www.donabel.com.br
Enoturismo

Os vinhedos, localizados a 800 metros de altitude, são privilegiados pelas condições de plantio, solo e clima. Desde 2010, a vinícola recebe os turistas em seu restaurante de comidas típicas.

AD 90 PTS

Don Abel Reserva Chardonnay 2017

Serra Gaúcha	Branco	$$$$

Mostra frutas tropicais de perfil mais fresco, com toques amanteigados e de especiarias doces, além de sutil tostado. A chave aqui está em sua pulsante acidez e gostosa textura, que levantam tudo, aportam vivacidade ao conjunto e sustentam o aporte da madeira.

AD 89 PTS

Don Abel Reserva Cabernet Sauvignon 2013

Serra Gaúcha	Tinto	$$$$

Bem feito em seu estilo velha escola, mostra perfil de frutas secas seguidas de notas terrosas, de ervas e de especiarias picantes que se confirmam no palato. Tem gostosa acidez, taninos de grãos finos e final persistente, com toques de ameixas.

Don Affonso

A família De Gasperin mantém a tradição de seus antepassados italianos de cultivar uvas. Nas proximidades do Parque da Festa da Uva, onde está desde a década de 1980, a vinícola dedica-se a produzir vinhos, suco de uva e espumantes.

Região
Serra Gaúcha
Fundação
1982
Enólogo
André Gasperin
Endereço
Rua Rosalimbo Antônio Guerra 338, Caxias do Sul
Site
https://donaffonso.com.br
Enoturismo

AD 90 PTS

Don Affonso Chardonnay Brut 2019

Serra Gaúcha	Espumante	$$

Vibrante e cheio de abacaxi fresco, tem boa cremosidade, ótima acidez e final com toques salinos. Leve, descompromissado e fácil de agradar. Aqui menos é muito mais.

AD 89 PTS

Don Affonso Brut Rosé

Serra Gaúcha	Espumante	$$

Limpo e refrescante, mostra perfil de frutas vermelhas mais maduras, mas bem equilibradas por gostosa acidez e textura cremosa. Tem final cativante, com toques de limão tahiti, que convidam a uma segunda taça.

AD 89 PTS

Don Affonso Prosecco Brut

Serra Gaúcha	Espumante	$$

Gostoso de beber e fácil de agradar, mostra maçãs maduras acompanhadas de notas florais e de ervas frescas, que se confirmam no palato. Tem gostosa acidez, boa textura e final com toques salinos e cítricos, pedindo mais um gole.

AD 88 PTS

Don Affonso Moscatel Espumante

Serra Gaúcha	Espumante	$$

As notas herbáceas e florais envolvem toda sua fruta branca. Num estilo de maior madurez e sensação de dulçor, tem boa acidez e textura cremosa, que equilibram o conjunto.

AD 87 PTS

Don Affonso Sauvignon Blanc 2019

Serra Gaúcha	Branco	$$

Gostoso em sua simplicidade, tem fruta branca e cítrica fresca, gostosa textura e vibrante acidez. Para o aperitivo!

Don Basílio

Região
Serra do Sudeste
Fundação
2018
Enóloga
Eliane de Ávila Pereira
Endereço
Estrada Piratini - Basílio, 2° distrito - Piratini (RS)
Site
villadonbasilio.com.br
Enoturismo
-

Vinícola Don Basílio é um pequeno empreendimento, resultado de um sonho de um casal apaixonado por vinhos. No paralelo 31°51'S, a vinícola Don Basílio elabora seus vinhos com a marca Quinta do Herval.

AD 87 PTS

Quinta do Herval Trebbiano 2018

Serra do Sudeste	Branco	$$

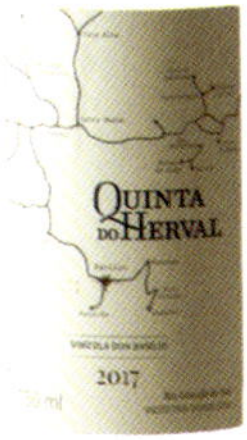

Mostra frutas de caroço acompanhadas por notas herbáceas e florais. Tem acidez na medida, boa textura e final com toques de pêssegos.

Outros vinhos degustados

AD 86 PTS **Quinta do Herval Moscato Giallo 2018**
Serra do Sudeste | Branco | **$$**

Don Giovanni

Don Giovanni pertente à família Dreher Giovannini. Localiza-se em Pinto Bandeira, em uma das zonas mais altas da Serra Gaúcha, a 750 metros de altura, onde possui 14 hectares de vinhedos, a maior parte de Pinot Noir e Chardonnay para a elaboração de espumantes.

Região
Pinto Bandeira
Fundação
1982
Enólogo
Maciel Ampese
Endereço
Linha Amadeu, Km 12 - Pinto Bandeira - RS
Site
www.dongiovanni.com.br
Enoturismo

AD 91 PTS

Don Giovanni Blanc de Blanc Brut

Pinto Bandeira | Espumante | $$$$

Muito em linha com o estilo mais vinoso e com as notas de autólise da casa, mostra acidez vibrante e textura cremosa envolvendo sua fruta tropical fresca, lembrando abacaxi. Tem final persistente, com toques salinos, de padaria e de especiarias doces. Uma versão extra-brut ou nature seria muito bem-vinda.

AD 91 PTS

Don Giovanni Nature

Pinto Bandeira | Espumante | $$$$

Mais uma ótima tiragem desse nature, que é austero, intenso e cheio de notas salinas, que envolvem toda sua fruta branca e cítrica. Tem vibrante acidez, textura firme e final longo e cremoso, com toques de ervas, de fermento e de especiarias doces.

AD 90 PTS

Don Giovanni Brut

Pinto Bandeira | Espumante | $$$$

Sempre consistente, mostra notas de frutas tropicais e de caroço maduras seguidas de notas florais, de fermento e de especiarias doces, que se confirmam no palato. Tem acidez refrescante, textura firme e final cremoso e persistente, com toques de frutos secos.

AD 89 PTS

Don Giovanni Blanc de Noir Brut

Pinto Bandeira | Espumante | $$$$

Num estilo mais austero e firme, em que as notas terrosas e de frutos secos envolvem sua fruta branca e cítrica. Tem textura cremosa, acidez vibrante e final denso, com toques salinos e de ervas.

AD 88 PTS

Don Giovanni Brut Rosé

Pinto Bandeira | Espumante | $$$

Mostra estilo vinoso e de fruta vermelha mais madura e de maior sensação de dulçor, com boa acidez e gostosa cremosidade, que trazem sustentação ao conjunto. Tem final austero, com toques terrosos e de especiarias.

AD 88 PTS

Stravaganzza Brut

Pinto Bandeira | Espumante | $$$

Nessa versão, mostra perfil de frutas cítricas e tropicais mais frescas, bem suportadas por vibrante acidez e gostosa textura. Tem final cativante, com toques salinos e de frutos secos.

AD **87** PTS

Don Giovanni Pinot Noir Rosé 2019

Pinto Bandeira	Rosé	$$$

Esbanja morangos maduros acompanhados de notas terrosas e de ervas secas, que se confirmam no palato. Tem acidez refrescante, toques salinos e boa textura, que sustentam toda essa fruta.

AD **87** PTS

Stravaganzza Demi-Sec

Pinto Bandeira	Espumante	$$$

Bem feito para um demi-sec, estilo que costuma ser negligenciado. Nesse caso não. Tem boa cremosidade, muita fruta e bom equilíbrio entre acidez e doçura.

Estrada Real

Estrada Real é a pioneira na produção de vinhos finos em Minas Gerias com a técnica da dupla poda, que consiste em mudar o ciclo de maturação da uva e colheita para o outono/ inverno.

Região
Minas Gerais
Fundação
2001
Enóloga
Isabela Peregrino
Endereço
Estrada Caldas ao Bairro Coroado, s/nº, Caldas, Minas Gerais, CX. P: 56
Site
www.primeiraestrada.com.br
Enoturismo

AD **89** PTS

Primeira Estrada Chardonnay 2018

Caldas	Branco	$$$$$

Seguramente a melhor versão desse branco até o momento. Mostra frutas tropicais frescas, lembrando abacaxi, escoltadas por notas florais, de ervas e de especiarias doces. Tem textura cremosa, acidez vibrante e final com toques salinos e de limão siciliano.

Estrelas do Brasil

Região
Serra Gaúcha
Fundação
2005
Enólogos
Irineo Dall'Agnol e Alejandro Cardozo
Endereço
RSC 431 - Km 4,2 - Faria Lemos, Bento Gonçalves (RS)
Site
www.estrelasdobrasil.com.br
Enoturismo

Sob direção de dois enólogos, Irineo Dall'Agnol e Alejandro Cardozo, a Estrelas do Brasil se especializou em espumantes. Seu nome é uma homenagem a Dom Pérignon, que teria dito a frase "estou bebendo estrelas", quando criou o Champagne.

AD **92** PTS

Estrelas do Brasil Brut Clássico

Serra Gaúcha	Espumante	$$$$$

Sempre consistente, essa é uma ótima tiragem desse espumante, que esbanja frutas brancas e tropicais maduras, bem equilibradas por gostosa acidez e textura firme. Cremoso e complexo, tem final persistente, com toques de especiarias doces, de padaria e de fermento. Refinado e cativante, pede mais um gole.

AD **91** PTS

Estrelas do Brasil Nature Clássico

Serra Gaúcha	Espumante	$$$$$

Num estilo vinoso e estruturado, mostra notas de pão, de especiarias doces e de frutos secos, que envolvem sua fruta tropical madura, lembrando abacaxi. Cremoso, tem acidez refrescante e final persistente, confirmando o nariz. Nessa edição, alia a complexidade dos mais de cinco anos em contato com as leveduras, com acidez vibrante, fruta de qualidade e textura cremosa. Tem final persistente e cheio, com toques tostados, de frutos secos e de especiarias doces

AD **91** PTS

Estrelas do Brasil Nature Rosé Pinot Noir Clássico

Nova Prata	Espumante	$$$$$

Austero e vinoso, impressiona tanto pela qualidade da fruta quanto pela das borbulhas, mostrando sua força e profundidade de forma amável e cremosa, tudo sustentado por acidez refrescante e textura firme. Tem final persistente, com toques salinos, terrosos, de fermento e de frutos secos.

AD **90** PTS

Estrelas do Brasil Brut

Nova Prata	Espumante	$$

Aqui menos é muito mais. Gostoso de beber e fácil de agradar, nessa tiragem esbanja frutas brancas, bem equilibradas por refrescante acidez, textura cremosa e final cativante, com toques cítricos e salinos.

AD **90** PTS

Estrelas do Brasil Brut Rosé Pinot Noir Clássico

Serra Gaúcha	Espumante	$$$

Mostra estilo de frutas vermelhas mais maduras, lembrando morangos em calda, mas tem acidez refrescante e textura firme que trazem equilíbrio ao conjunto. As notas terrosas, de ervas, de especiarias doces e de fermento dão o toque final de complexidade.

AD 89 PTS

Dall'Agnol Fumê Blanc 2019

Nova Prata	Branco	$$

Mostra frutas tropicais e brancas acompanhadas de notas vegetais, florais e de especiarias picantes, que se confirmam no palato. De bom corpo, tem textura cremosa, gostosa acidez e final persistente, com toques salinos, de limão siciliano e de aspargos.

AD 89 PTS

Dall'Agnol Open Barrel Chardonnay 2019

Nova Prata	Branco	$$$$

Melhor de boca que de nariz, chama atenção pelas frutas tropicais frescas, pela textura firme e pelo final com toques salinos e cítricos, tudo envolto por vibrante acidez. Ainda está jovem e tem tudo para ficar ainda melhor nos próximos 5 anos.

AD 89 PTS

Estrelas do Brasil Nature Negro Sur Lie

Faria Lemos	Espumante	$$$

Cativante em seu estilo rústico e terroso, tem gostosa acidez e taninos firmes, que trazem sustentação a toda sua fruta vermelha madura. Perfeito para a feijoada. Prove e comprove.

AD 89 PTS

Estrelas do Brasil Prosecco Brut

Nova Prata	Espumante	$$

Uma versão cheia de frutas brancas de perfil maduro, acompanhadas de notas florais e de ervas frescas. Tem acidez refrescante, textura cremosa e final com toques cítricos e salinos, pedindo uma segunda taça.

AD 89 PTS

Estrelas do Brasil Riesling Itálico ISV1 Brut

Nova Prata	Espumante	$$

Nessa tiragem, mostra frutas brancas e de caroço maduras seguidas de notas florais e de ervas, tudo equilibrado por gostosa acidez, boa textura e final com tóques de limão siciliano.

AD 88 PTS

Dall'Agnol Pinot Noir A10 2018

Nova Prata	Tinto	$$$$

Mostra estilo de frutas vermelhas mais maduras, lembrando cerejas, escoltadas por notas especiadas e terrosas. Tem taninos firmes e de boa textura, gostosa acidez e final médio/longo, com toques de giz, que trazem certa vivacidade ao conjunto.

AD 88 PTS

Estrelas do Brasil Moscatel Espumante

Serra Gaúcha	Espumante	$$

Puro suco de maçãs maduras seguido de notas florais e de ervas, que se confirmam na boca. Tem textura cremosa e refrescante acidez, que equilibram um pouco todo seu dulçor.

AD 88 PTS

Monte Vino Pinot Noir Rosé 2019

Nova Prata	Rosé	$$

Esbanja morangos acompanhados de frutas cítricas, tudo num contexto de acidez refrescante e boa textura. Fácil de beber e de gostar.

AD 88 PTS

Monte Vino Viognier 2019

Nova Prata	Branco	$$

Mostra frutas de caroço acompanhadas por notas herbáceas e florais, que se confirmam na boca. Fácil de entender e gostoso de beber, tem refrescante acidez e final com toques salinos.

Outros vinhos degustados

AD 86 PTS

Monte Vino Pinot Noir 2019

Nova Prata | Tinto | **$$$$**

Faccin

Pequena vinícola familiar comandada por Bruno Faccin e seu pai. É adepta da mínima intervenção no vinhedo e na vinícola, e todos os seus vinhos são elaborados sem adição de sulfitos e sem adição de leveduras (somente fermentação espontânea).

Região
Monte Belo do Sul
Fundação
1936
Enólogo
Tiago Lazzarotto
Endereço
Linha Armênio, s/n, Interior, Monte Belo do Sul (RS)
Site
www.faccinvinhos.com
Enoturismo

AD 91 PTS — Faccin Malvasia Bianca Nature 2018

Monte Belo do Sul	Espumante	$$$$

Ótima surpresa. Mostra notas florais e de ervas frescas acompanhando suas frutas brancas e de caroço, tudo envolto por boa cremosidade, refrescante acidez e final cativante e persistente, com toques terrosos e cítricos.

AD 90 PTS — Faccin Riesling Itálico 2017

Monte Belo do Sul	Branco	$$$$

Gostoso em sua rusticidade, mostra profusão de frutas brancas e de caroço maduras acompanhadas de vibrante acidez, gostosa textura e final persistente, com toques de limão.

AD 89 PTS — Faccin Chardonnay Nature 2017

Monte Belo do Sul	Espumante	$$$$

Apesar do perfil de frutas brancas e tropicais mais maduras, tem acidez, cremosidade e gostosa textura, que trazem equilíbrio ao conjunto. Delicioso e gastronômico em sua rusticidade.

AD 89 PTS — Faccin Pinot Noir Nature 2018

Monte Belo do Sul	Espumante	$$$$

Apesar do perfil mais maduro, tem fruta vermelha de qualidade, bem equilibrada por taninos de gostosa textura e refrescante acidez, que pedem a companhia de embutidos. Cativante em sua rusticidade, lembrando um bom Lambrusco.

GARBO ENOLOGIA CRIATIVA

Região
Serra Gaúcha
Fundação
2015
Enólogos
Andrei Bellé, Guilherme Caio e Jhonatan Marini
Endereço
-
Site
-
Enoturismo
-

Jovem empresa, fundada por três amigos enólogos focada em fazer vinhos e espumantes a partir de mesclas inusitadas e processos de vinificação, entre eles um tinto cortado com Sauvignon Blanc. Destaque para o pulsante e fresco espumante rosé.

AD **91** PTS

Garbo Evoluto Nature Rosé 2017

Pinto Bandeira | Espumante | **$$$$**

Intriga pelo estilo mais rústico, selvagem, mas cativa pela qualidade de fruta vermelha fresca e pela firme textura, tudo num contexto de acidez refrescante, toques salinos e muito morango. Com o tempo na taça, mostra mais complexidade aromática, com notas herbáceas, florais e terrosas

GUASPARI

A Guaspari é fruto do espírito empreendedor da família de mesmo nome, que se dedicou a transformar em vinícola uma antiga fazenda de café situada em Espírito Santo do Pinhal, São Paulo. O projeto utiliza-se da transferência da safra para o inverno por meio da poda invertida.

Região
Espírito Santo do Pinhal
Fundação
2006
Enólogos
Gustavo Gonzalez e Cristian Sepulveda
Endereço
Rua Pedro Ferrari, 300 - Parque do Lago, Espírito Santo do Pinhal (SP)
Site
www.vinicolaguaspari.com.br
Enoturismo

AD 92 PTS — Guaspari Vista do Bosque Viognier 2016

Espírito Santo do Pinhal | Branco | $$$$$

Provado a primeira vez no início do ano de 2018, está ainda melhor. Branco elaborado exclusivamente a partir de uvas Viognier advindas do vinhedo Vista do Bosque, com fermentação e estágio de 12 meses em barris de carvalho francês de 300 e 600 litros, sem malolática. Nessa versão, mostra a tensão e o frescor encontrados no 2015, mas com uma dose a mais de volume de boca, de cremosidade e de persistência, tudo num contexto de muita tipicidade, muita fruta de caroço e notas florais e de frutos secos.

AD 90 PTS — Guaspari Vista do Café Sauvignon Blanc 2017

Espírito Santo do Pinhal | Branco | $$$$$

A melhor safra até agora desse Sauvignon, que aqui se mostra austero e contido nos aromas, mas com ótima estrutura, acidez refrescante e muita profundidade. Gastronômico e gostoso de beber, tem final longo, com toques salinos, florais, de ervas e de especiarias picantes. Ainda jovem, tem tudo para ficar ainda melhor nos próximos 5 anos.

AD 90 PTS — Guaspari Vista do Lago Chardonnay 2016

Espírito Santo do Pinhal | Branco | $$$$$

Muito gostoso de beber, é estruturado e cremoso. Mostra notas de especiarias doces e de frutos secos que envolvem suas frutas de caroço e tropicais maduras na medida certa. Tem refrescante acidez e final persistente, com toques salinos e amanteigados.

AD 90 PTS — Vale da Pedra Branco 2017

Espírito Santo do Pinhal | Branco | $$$$

Cativante e intrigante, mescla notas de ervas e de especiarias picantes, com frutas brancas e de caroço maduras, tudo num contexto de refrescante acidez, textura cremosa e final com toques salinos e de limão.

GUATAMBU

Região
Campanha Gaúcha
Fundação
2003
Enólogos
Gabriela Hermann Pötter e Alejandro Cardozo
Endereço
BR 293 - Km 265 - Dom Pedrito (RS)
Site
www.guatambuvinhos.com.br
Enoturismo

Contando com administração familiar e visando diversificar seus produtos, a cinquentenária Estância Guatambu, tradicional empresa de agronegócios, iniciou, em 2003, o projeto de produção de uvas viníferas em Dom Pedrito. Dez anos depois, inaugurou sua estância enoturística.

AD **92** PTS

Épico Edição IV

Campanha Gaúcha	Tinto	$$$$$

Essa é a quarta e melhor edição deste que é o tinto mais pretensioso da casa. Aqui a acidez refrescante e os taninos de ótima textura trazem a sustentação necessária a toda sua fruta de qualidade, que lembra ameixas e cassis. Vivo e estruturado, tem final persistente, com toques terrosos e de ervas, que pedem uma segunda taça. Mais um grande exemplar da ótima safra 2018. Ainda está jovem e precisa de mais algum tempo de garrafa para integrar o aporte da madeira, que ainda aparece um pouco mais do que deveria.

AD **91** PTS

Isadora Nature Rosé 2018

Campanha Gaúcha	Espumante	$$$$

Num estilo jovial e refrescante, mas também de textura firme e cremosa, esbanja frutas vermelhas e brancas acompanhadas de notas florais, de ervas e de padaria, tanto no nariz quanto na boca. Tem acidez vibrante e final agradável, com toques salinos, de morangos e de limão siciliano.

AD **91** PTS

Rastros do Pampa Tannat 2019

Campanha Gaúcha	Tinto	$$$

Tenso e vibrante, mostra ameixas frescas acompanhadas de notas florais, terrosas e de especiarias, tudo sustentado por acidez elétrica e taninos firmes e de ótima textura. Outra ótima safra desse que é um dos melhores Tannat do Brasil e prova viva de que um grande vinho não precisa, necessariamente, ser um vinho grande.

AD **90** PTS

Guatambu Rosé Brut 2018

Campanha Gaúcha	Espumante	$$$$

Uma ótima safra desse espumante, que esbanja frutas vermelhas seguidas de notas florais e de ervas, que se confirmam na boca. Bem feito em seu estilo jovial e alegre, tem boa cremosidade, acidez refrescante e final com toques salinos e cítricos.

AD 90 PTS

Rastros do Pampa Merlot 2019

Campanha Gaúcha	Tinto	$$$

Assim como a safra 2018, nesta 2019 reinam as frutas vermelhas e negras frescas, cheias de vivacidade, tudo envolto por taninos de boa textura e ótima acidez. Fluido, tem final persistente, com toques salinos, de ameixas e de violetas. Por ser fácil de beber e de entender, aparenta ser menos complexo do que realmente é. Atenção com ele!

AD 90 PTS

Rastros do Pampa Pinot Noir 2019

Campanha Gaúcha	Tinto	$$$$$

Outra boa safra desse Pinot, que mostra aromas de cerejas acompanhados de notas terrosas e de especiarias doces, que se confirmam no palato. Tem acidez vibrante e taninos de boa textura, que equilibram toda sua fruta. Por enquanto, a madeira aparece mais do que deveria, mas nada que alguns anos de garrafa não resolvam.

AD 89 PTS

Luar do Pampa Rosé 2019

Campanha Gaúcha	Rosé	$$$

Mostra frutas vermelhas e cítricas acompanhadas de notas florais e de ervas. Mas, é na boca que merece atenção, com sua refrescante acidez e ótima textura, que trazem vivacidade ao conjunto e convidam a uma segunda taça.

AD 88 PTS

Vinho da Estância Tannat Cabernet Sauvignon Tempranillo 2018

Campanha Gaúcha	Tinto	$$$

Aqui menos é mais. Nítido em frutas vermelhas e negras de perfil mais fresco e vibrante, seguidas de notas florais, de ervas e especiarias. Chama atenção pela acidez refrescante e pelos taninos de boa textura, que trazem ainda mais vivacidade ao vinho.

AD 87 PTS

Rastros do Pampa Cabernet Sauvignon 2018

Campanha Gaúcha	Tinto	$$$

Gastronômico, tem taninos firmes e acidez marcante, que envolvem toda sua fruta e pedem a companhia de carnes vermelhas grelhadas.

AD 87 PTS

Vinho da Estância Chardonnay Gewürztraminer Sauvignon Blanc 2019

Campanha Gaúcha	Branco	$$$

Cheio de fruta branca e de caroço, tanto no nariz quanto no palato, tem refrescante acidez que traz vivacidade ao conjunto.

Hermann

Região
Pinheiro Machado
Fundação
2010
Enólogo
Átila Zavarizze
Endereço
Rodovia RS 608, s/nº, Km 5 - Bairro Fazenda Rodeio Colorado - Pinheiro Machado (SC)
Site
www.vinicolahermann.com.br
Enoturismo
-

Acreditando no potencial da Serra do Sudeste, a família Hermann reuniu seu know-how como proprietária de uma importadora de vinhos e passou a produzir os seus próprios produtos. Desde 2009, cuida de vinhedos que começaram a ser plantados em 2001.

AD 90 PTS — Lírica Crua

Pinheiro Machado	Tinto	$$$$

Sempre entre os melhores espumantes do Brasil, nessa edição está menos "extremo" e com perfil de frutas brancas e de caroço mais maduras seguidas de notas florais, de ervas, de padaria e de especiarias doces, que se confirmam no palato. Equilibrado e muito gostoso de beber, tem acidez na medida, muita cremosidade e final agradável, com toques de fermento.

AD 89 PTS — Lírica Brut

Pinheiro Machado	Espumante	$$$$

Um porto seguro de consistência, nessa tiragem mostra perfil de frutas brancas e de caroço mais maduras, bem equilibradas por acidez refrescante, gostosa textura e final com toques salinos.

Larentis

A família Larentis chegou de Trento em 1876 e se estabeleceu no Vale dos Vinhedos, onde cinco gerações consolidaram a vocação pela vitivinicultura sempre presente na família. No ano de 2001, iniciou a elaboração de vinhos com marca própria, sempre de vinhedos 100% próprios.

Região
Vale dos Vinhedos
Fundação
2001
Enólogo
André Larentis
Endereço
Via Trento s/n, Vale dos Vinhedos, Bento Gonçalves (RS)
Site
www.larentis.com.br
Enoturismo

AD 90 PTS — Larentis Moscatel Espumante

Vale dos Vinhedos	Espumante	$$

Sempre entre os melhores Moscatel Espumante do Brasil, nessa tiragem mostra frutas brancas maduras acompanhadas por notas florais e de ervas, que se confirmam na boca. Tem vibrante acidez e final com toques cítricos e salinos, que equilibram seu dulçor, convidando a uma segunda taça.

AD 89 PTS — Cuvée Spéciale Nature

Vale dos Vinhedos	Espumante	$$$

Cremoso e num estilo mais austero, mostra frutas brancas e cítricas bem equilibradas por gostosa acidez e textura cremosa. Tem final persistente, com toques salinos e de frutos secos.

AD 88 PTS — Cuvée Spéciale Brut Rosé

Vale dos Vinhedos	Espumante	$$$

Num perfil mais vinoso e de fruta vermelha mais madura, tem gostosa acidez e textura firme, que trazem certo equilíbrio ao conjunto. Tem final com toques salinos e de morango maduro.

AD 88 PTS — Larentis Brut

Vale dos Vinhedos	Espumante	$$

Mostra frutas tropicais envoltas por notas florais, de pão e de especiarias doces. Tem boa cremosidade, acidez na medida e final agradável, confirmando o nariz.

AD 88 PTS — Larentis Reserva Chardonnay Viognier 2018

Vale dos Vinhedos	Branco	$$

Cheio de frutas tropicais e de caroço maduras tanto no nariz quanto na boca, tem gostosa acidez, boa textura e final sedutor, pedindo mais um gole. Fácil de entender e de agradar.

AD 88 PTS — Larentis Reserva Merlot 2015

Vale dos Vinhedos	Tinto	$$$

Apesar da madeira ter papel bem importante tanto no nariz quanto na boca, tem fruta de qualidade, taninos firmes e vibrante acidez, que pedem comida.

Leone di Venezia

Região
São Joaquim
Fundação
2015
Enólogo
Saul Bianco
Endereço
Rodovia SJM 145, 2800, Morro Agudo, São Joaquim
Site
www.leonedivenezia.com.br
Enoturismo

Uma vinícola no estilo italiano em terroir de altitude, em Morro Agudo, São Joaquim. Pela origem da família e os estudos realizados na Itália, a escolha foi pelas variedades italianas. As instalações de vinificação, bem como a arquitetura, também seguem o estilo italiano.

AD 91 PTS

Leone di Venezia Oro Vechio 2018

São Joaquim	Branco	$$$

Mais uma ótima edição desse branco inspirado nos vinhos ditos laranjas. Esse blend de Grechetto, Vermentino e Gewürztraminer fermenta em inox com as cascas por mais de 60 dias. Aqui o que vale é a boca, cheia de tensão e estrutura, com a acidez vibrante e a textura firme ditando as regras e envolvendo toda sua fruta cítrica e de caroço madura. Tem final cheio e persistente, com toques terrosos e de ervas, pedindo mais um gole.

AD 90 PTS

Leone di Venezia Garganega 2017

São Joaquim	Branco	$$$$

Mais de boca que de nariz, chama atenção pela textura cremosa e pela refrescante acidez, tudo num contexto de frutas brancas e de caroço, escoltadas por notas terrosas, de ervas e de especiarias. Tem final persistente e cativante.

AD 90 PTS

Leone di Venezia Montepulciano 2017

São Joaquim	Tinto	$$$$

Uma versão potente e opulenta desse tinto, com ótima acidez e taninos de ótima textura, que trazem equilíbrio a toda sua fruta vermelha e negra de perfil mais maduro. Tem final persistente e cheio, com toques de grafite e de tinta nanquim.

AD 89 PTS

Leone di Venezia Sangiovese 2017

São Joaquim	Tinto	$$$

De boa tipicidade, mostra cerejas acompanhadas de notas especiadas e terrosas, que se confirmam na boca. Ainda jovem, tem acidez refrescante e taninos de grãos finos. Por enquanto, a madeira aparece mais do que deveria, nada que o tempo em garrafa não resolva.

Lidio Carraro

A vinícola iniciou sua trajetória em 1998, com a implantação de vinhedos próprios no Vale dos Vinhedos e na Serra do Sudeste. Com uma filosofia purista, todo o processo é conduzido com o mínimo de interferência e o máximo respeito à expressão natural da uva e do terroir de origem.

Região
Vale dos Vinhedos e Encruzilhada do Sul
Fundação
2001
Enóloga
Monica Rossetti
Endereço
Estrada do Vinho, RS 444, Km 21, Bento Gonçalves (RS)
Site
www.lidiocarraro.com
Enoturismo

AD **91** PTS

Dádivas Sauvignon Blanc 2018

Encruzilhada do Sul	Branco	$$$$

Cativante nos aromas, mostra maracujá seguido de notas florais e de ervas, que se confirmam na boca. Chama atenção pela textura cremosa, pela acidez vibrante e pelo final cheio e persistente, com toques salinos e de lima.

AD **90** PTS

Agnvs Cabernet Sauvignon 2018

Encruzilhada do Sul	Tinto	$$$

Frutado e gostoso de beber, esbanja ameixas e framboesas escoltadas por notas florais, de ervas e de especiarias doces, tudo sustentado por acidez refrescante, taninos firmes e final agradável, com toques terrosos e de giz.

AD **90** PTS

Agnvs Merlot 2018

Encruzilhada do Sul	Tinto	$$$

Grata surpresa, mostra a cepa sem maquiagens, chamando atenção pela qualidade da fruta vermelha e negra de perfil mais fresco, pela refrescante acidez e pelos taninos de fina textura. Tem final médio/longo, com toques salinos, de ameixas e de violetas.

AD **90** PTS

Dádivas Moscatel Espumante

Encruzilhada do Sul	Espumante	$$$

Mais uma ótima tiragem desse Moscatel Espumante, que sempre está entre os melhores do Brasil. Esbanja frutas brancas acompanhadas de notas florais e de ervas frescas. Tem acidez vibrante, textura cremosa e final sedutor, com toques salinos e cítricos, que convidam a uma segunda taça.

AD **89** PTS

Dádivas Pinot Noir 2018

Encruzilhada do Sul	Tinto	$$$$

Mais uma boa safra desse tinto, que mostra as típicas notas terrosas e especiadas da cepa, envoltas por muita fruta vermelha madura lembrando cereja, tudo sustentado por refrescante acidez e taninos firmes e de boa textura. Tem final agradável e cativante, com toques salinos e florais.

AD **89** PTS

Dádivas Tempranillo 2018

Encruzilhada do Sul	Tinto	$$$$

Bem feito em seu estilo amável e de frutas vermelhas mais maduras, mas com taninos firmes e refrescante acidez, que trazem vivacidade ao vinho. Tem final agradável e persistente, com toques terrosos e de groselha.

AD 88 PTS

Dádivas Chardonnay 2017

Encruzilhada do Sul	Branco	$$$$

Nessa versão mostra a costumeira fruta tropical de qualidade lembrando abacaxi, mas dessa vez mostrando perfil mais maduro, com boa acidez e textura cremosa, que trazem certo equilíbrio ao conjunto.

AD 88 PTS

Faces do Brasil Pinot Noir Rosé 2018

Encruzilhada do Sul	Rosé	$$

Mostra perfil de frutas vermelhas mais maduras, bem equilibradas por gostosa acidez e final com toques salinos e cítricos. Fácil de entender e gostoso de beber. Para o aperitivo!

AD 87 PTS

Selo Branco 2018

Encruzilhada do Sul	Branco	$$

Mostra bom equilíbrio entre acidez e doçura, tudo envolto por muita fruta e cativantes notas florais e de ervas frescas.

Outros vinhos degustados

AD 86 PTS **Selo Rosé 2018**
Encruzilhada do Sul | Rosé | $$

AD 85 PTS **Selo Tinto 2018**
Encruzilhada do Sul | Tinto | $$

LOVARA

Vinícola familiar que produz vinhos desde 1967. Contam com programações enoturísticas de acordo com as estações do ano, como degustações harmonizadas com bruschettas, fondues harmonizados no inverno e o brinde das estrelas na vindima. Na vinícola é possível conhecer a casa dos fundadores de 1887.

Região
Serra Gaúcha
Fundação
1967
Enólogos
Roberta Benedetti e Henrique Benedetti
Endereço
José Benedetti, 222, Bairro Salgado, Bento Gonçalves (RS)
Site
www.vinicolalovara.com.br
Enoturismo

AD 89 PTS — Gran Lovara 2016

Bento Gonçalves | Tinto | $$$$

Chama atenção pelos taninos de fina textura e pela boa acidez, que trazem sustentação a toda sua fruta negra madura, quase em compota. Por enquanto, a madeira aparece mais do que deveria, tanto no nariz quanto na boca. Nada que alguns anos de guarda não resolvam.

AD 89 PTS — Lovara Brut Rosé

Vale do São Francisco | Espumante | $$

Descompromissado e fácil de agradar, esbanja morangos maduros tanto no nariz quanto na boca. Tem acidez refrescante e gostosa textura, que equilibram seu estilo brut de maior dulçor. Tem final com toques cítricos e salinos.

AD 88 PTS — Lovara Brut

Vale do São Francisco | Espumante | $$

Aromático e cativante, mostra notas florais e de ervas envolvendo suas frutas brancas e de caroço. No palato, confirma as impressões do nariz, tudo num contexto de gostosa acidez, que equilibra seu perfil mais adocicado. Tem final com toques de mel e de maçãs.

AD 88 PTS — Lovara Moscatel Espumante

Vale do São Francisco | Espumante | $$

De boa tipicidade, é bem feito em seu estilo de frutas brancas mais maduras bem equilibradas por gostosa acidez e final com toques salinos e cítricos. As notas florais e de ervas aportam um ar sedutor ao conjunto.

AD 87 PTS — Lovara Cabernet Sauvignon 2017

Bento Gonçalves | Tinto | $$

Apesar do estilo de frutas vermelhas e negras mais maduras, tem boa acidez e taninos firmes, que equilibram o conjunto. As notas de ervas e de especiarias picantes dão o toque final.

AD 87 PTS — Lovara Chardonnay 2017

Bento Gonçalves | Branco | $$

Mostra notas de ervas envolvendo sua fruta tropical, com a acidez vibrante e as notas de especiarias doces aparecendo no final.

Outros vinhos degustados

AD 86 PTS — **Lovara Merlot 2017**
Bento Gonçalves | Tinto| $$

LUIZ ARGENTA

Região
Altos Montes
Fundação
2004
Enólogo
Edegar Scortegagna
Endereço
Avenida 25 de Julho, 700 - Flores da Cunha (RS)
Site
www.luizargenta.com.br
Enoturismo

Os vinhedos ocupam o terreno da histórica vinícola Rio-grandense, a primeira a fazer varietais no Brasil. Eles foram adquiridos em 1999 por Deunir Luís e Itacir Neco Argenta, que, em homenagem ao patriarca, construíram uma moderna cantina de arquitetura singular.

AD 93 PTS

Luiz Argenta Cave Rosé Nature 48 meses 2013

Altos Montes | Espumante | $$$$$

Este 100% Pinot Noir fica, pelo menos, 48 meses em contato com as leveduras e o resultado é um espumante complexo, cheio de notas de padaria, de frutos secos e de especiarias doces envolvendo sua fruta vermelha lembrando morangos em calda. Austero e persistente, tem acidez vibrante, textura cremosa e final complexo, com toques salinos, cítricos e terrosos.

AD 92 PTS

Luiz Argenta Cave Blanc de Noir Nature 2016

Altos Montes | Espumante | $$$$$

Cativante e limpo nos aromas, mostra frutas brancas e de caroço seguidas por notas florais, de padaria, de especiarias doces e de frutos secos. Mas, é na boca que merece atenção, com sua acidez pulsante, textura cremosa e final persistente e equilibrado, com toques salinos e cítricos. Austero e gastronômico, tem força e estrutura para acompanhar uma refeição do início ao fim.

AD 92 PTS

Luiz Argenta Cave Chardonnay 8 Anos 2012

Altos Montes | Branco | $$$$$

Essa é a segunda versão desse intrigante branco (nos aromas lembra um Jerez), que passa 8 anos em barrica antes de ser lançado ao mercado. Por incrível que pareça ainda está jovem. Cheio de fruta tropical, mas também repleto de notas tostadas, amanteigadas e de frutos secos. Tem vibrante acidez e ótima estrutura, que trazem sustentação ao conjunto e equilibram o aporte da madeira. Dê tempo a ele, tanto na taça, quanto na adega, você não irá se arrepender.

AD 91 PTS

L.A. Jovem Riesling 2018

Altos Montes | Branco | $$$$

Outra ótima safra desse que é um dos melhores Riesling Itálico do país. Chama atenção pela textura e volume de boca, tudo num contexto de acidez refrescante e muita fruta branca e de caroço. Fluido e gostoso de beber, é prova viva de que essa variedade, quando bem vinificada, pode produzir grandes vinhos.

AD 91 PTS

Luiz Argenta Cave Corte Marselan Ancelota Merlot 2012

Altos Montes	Tinto	$$$$$

Mais uma ótima versão desse corte, chama atenção pelos taninos de ótima textura, pela refrescante acidez e pelo equilíbrio do conjunto, tudo num contexto de taninos firmes e de grãos finos e final persistente, com toques terrosos, de especiarias e de ervas secas. Gastronômico por natureza, deve ficar muito melhor na companhia de carnes ensopadas.

AD 91 PTS

Luiz Argenta Cave Gewürztraminer 2017

Altos Montes	Branco	$$$$$

Exuberante nos aromas e nos sabores, mostra notas florais e de especiarias picantes escoltando sua fruta tropical e de caroço madura. Seu estágio (em barricas usadas antes para armazenar o Chardonnay da vinícola) não interfere nos sabores, mas acrescenta cremosidade, volume e profundidade ao vinho. Untuoso e cheio de tipicidade, tem final persistente, com toques salinos e de pimenta branca.

AD 90 PTS

L.A. Clássico Merlot 2015

Altos Montes	Tinto	$$$

Mais uma ótima edição desse vinho, que esbanja frutas vermelhas e negras maduras, como ameixas e amoras, acompanhadas de notas florais, de ervas e de especiarias doces. Fluido e gostoso de beber, tem taninos aveludados, acidez na medida e final agradável e refinado, com toques terrosos e salinos.

AD 90 PTS

Luiz Argenta Cave Chardonnay 2018

Altos Montes	Branco	$$$$

Mais uma boa versão desse vinho. O aporte da madeira ainda aparece mais do que deveria na boca, mas tem acidez refrescante, textura cremosa e final cheio e persistente com toques salinos e de lima, que trazem equilíbrio ao conjunto. Ainda está jovem, paciência com ele, pois tem tudo para ficar ainda melhor nos próximos 5 anos.

Maria Maria

Região
Sul de Minas Gerais
Fundação
2009
Enóloga
Isabela Peregrino
Endereço
Rod BR 369, Km 04 (MG)
Site
www.vinhosmariamaria.com.br
Enoturismo

Os vinhedos foram implantados em 2009, na fazenda Capetinga sobre regime de dupla poda para a produção de vinhos finos. Entre as variedades plantadas estão a Syrah, Cabernet Sauvignon, Sauvignon Blanc e Chardonnay.

AD 90 PTS

Maria Maria Diana Colheita de Inverno Syrah 2017

Boa Esperança | Tinto | $$$$$

Chama atenção pelos taninos de grãos finos e pelas notas de especiarias picantes, que envolvem sua fruta vermelha e negra de perfil mais fresco. Gostoso de beber, tem ótima acidez e final agradável, pedindo uma segunda taça.

AD 89 PTS

Maria Maria Elis Colheita de Inverno Sauvignon Blanc 2018

Boa Esperança | Branco | $$$$$

Exuberante nos aromas, mostra notas de ervas e de flores escoltando sua fruta tropical e branca madura. Tem boa textura, acidez na medida e final agradável, com toques de maracujá e de aspargos

AD 88 PTS

Maria Maria Sous Les Escaliers Nature

Boa Esperança | Espumante | $$$$$

Mostra notas de especiarias e de ervas envolvendo sua fruta branca e de caroço, tudo num contexto de gostosa cremosidade, acidez refrescante e final com toques salinos.

Maximo Boschi

A vinícola é fruto da sociedade dos experientes enólogos Renato Savaris e Daniel Dalla Vale e tem como proposta elaborar vinhos de qualidade e que tenham condições de evoluir muito bem com o tempo. Além disso, reverte parte de seu faturamento em benefício de causas sociais.

Região
Vale dos Vinhedos
Fundação
2002
Enólogo
Daniel Dalla Valle
Endereço
RS 444 - km 21,5 - Vale dos Vinhedos - Bento Gonçalves (RS)
Site
www.maximoboschi.com.br
Enoturismo

AD 92 PTS — Maximo Boschi Biografia Extra Brut 2013

Serra Gaúcha	Espumante	$$$$$

Faz um ótimo par com seu irmão brut, mas aqui mostra-se mais austero, vertical e sem concessão alguma ao dulçor. Tenso e vibrante, tem refrescante acidez, textura cremosa e final persistente, com toques salinos, especiados, de fermento e de especiarias doces. Gastronômico, tem estrutura para acompanhar uma refeição do início ao fim.

AD 91 PTS — Maximo Boschi Biografia Brut 2013

Serra Gaúcha	Espumante	$$$$$

Sempre consistente, mostra notas de fermento e de especiarias doces envolvendo sua fruta tropical madura. Tem gostosa acidez, textura firme e cremosa e final persistente, com toques salinos, de camomila e de limão siciliano. Amável e gostoso de beber.

AD 90 PTS — Maximo Boschi Biografia Cabernet Sauvignon 2010

Campanha Gaúcha	Tinto	$$$$$

No melhor estilo velha escola, mostra frutas negras maduras e em compota bem equilibradas por acidez refrescante e taninos de textura firme. Tem final complexo e cativante, com toques terrosos e de ervas secas. Por enquanto, a madeira aparece mais do que deveria no final de boca. Mas, nada que alguns anos a mais de garrafa não resolvam.

AD 90 PTS — Maximo Boschi Racconto Brut 2017

Serra Gaúcha	Espumante	$$$$

Mais uma ótima edição desse espumante cremoso e cativante, que esbanja frutas tropicais e brancas maduras, seguidas de notas terrosas, de fermento e de especiarias doces. Fluido e gostoso de beber.

AD 90 PTS — Vezzi per Boschi Ganimedes Moscatel Espumante

Serra Gaúcha	Espumante	$$

Fresco e vibrante, encanta pelo perfil de frutas brancas e cítricas acompanhadas de notas florais e de ervas, que se confirmam no palato. Tem ótima acidez, textura cremosa e final com toques salinos e de limão siciliano.

89 PTS — Vezzi per Boschi Calisto Cabernet Sauvignon 2018

Serra Gaúcha	Tinto	**$$$**

Outra boa safra desse tinto. Sem medo das notas de ervas e de especiarias picantes da Cabernet, tem gostosa acidez, taninos firmes, que pedem comida, e final com toques florais e terrosos. Novamente, aqui menos é muito mais.

87 PTS — Vezzi per Boschi Brut Rosé 2018

Serra Gaúcha	Espumante	**$$$**

Mostra frutas vermelhas maduras como morangos, tanto no nariz quanto na boca, tudo bem equilibrado por gostosa acidez e boa textura.

87 PTS — Vezzi per Boschi Temisto Merlot 2018

Serra Gaúcha	Tinto	**$$$**

Num estilo de frutas vermelhas e negras maduras, quase em compota, com boa acidez e taninos aveludados, que equilibram o conjunto.

Outros vinhos degustados

86 PTS — **Vezzi per Boschi Brut 2018**
Serra Gaúcha | Espumante | $$$

86 PTS — **Vezzi per Boschi Vênus Rosé 2018**
Serra Gaúcha | Rosé | $$$

Miolo Wine Group

Um dos maiores e mais reconhecidos grupos vitivinícolas do Brasil, o Miolo Wine Group elabora 12 milhões de litros de vinhos finos por ano. Hoje, possui projetos em diferentes regiões do Brasil, desde a Campanha Gaúcha até o Vale do São Francisco.

Região
Vale dos Vinhedos, Campos de Cima da Serra, Campanha Gaúcha e Vale do São Francisco

Fundação
1989

Enólogos
Adriano Miolo, Miguel Almeida, Gilberto Simonaggio, Leonel Caliari e Flávio Durante

Endereço
RS 444 KM 21, Vale dos Vinhedos

Site
www.miolo.com.br

Enoturismo

AD **91** PTS

Miolo Single Vineyard Pinot Noir 2018

Campanha Gaúcha	Tinto	$$$

Mostra notas terrosas e especiadas envolvendo sua fruta madura, que lembra cerejas. Tem vibrante acidez, taninos firmes e final suculento, confirmando o nariz. Grata surpresa, é mais um fruto da grande safra 2018.

AD **90** PTS

Miolo Single Vineyard Touriga Nacional 2018

Campanha Gaúcha	Tinto	$$$

Mais uma ótima versão deste tinto, que mostra as típicas notas de violeta da casta envolvendo sua fruta, que lembra ameixas e cassis. Potente e encorpado, tem refrescante acidez, taninos de grãos finos e final untuoso, com toques salinos, de grafite, de ervas e de especiarias.

AD **90** PTS

Testardi Syrah 2017

Vale do São Francisco	Tinto	$$$$$

Uma outra grande safra deste tinto, nessa versão mostra-se mais amável e mais vertical do que cheio (quando comparado aos anos anteriores). As notas de ervas e de especiarias picantes, típicas da cepa, escoltam toda sua fruta, que lembra amoras e cassis. Chama atenção pelos taninos firmes e de ótima textura, que trazem sustentação ao conjunto. Tem final cativante e fluido, com toques salinos.

AD **89** PTS

Miolo Cuvée Giuseppe Merlot Cabernet Sauvignon 2017

Vale dos Vinhedos	Tinto	$$$$

Uma boa edição desse clássico da Miolo, tem acidez refrescante e taninos firmes, que equilibram o seu perfil de fruta vermelha mais maduro. Gastronômico, tem final com toques terrosos, de cerejas e de ervas secas, pedindo a companhia de carnes ensopadas.

AD **89** PTS

Miolo Single Vineyard Riesling Johannisberg 2019

Campanha Gaúcha	Branco	$$$

Chama atenção pela textura firme e cremosa, bem como pela ótima acidez, tudo envolto por frutas brancas frescas acompanhadas de notas de ervas. Gostoso de beber agora, tem tudo para ficar ainda melhor nos próximos 5 anos.

AD **89** PTS

Miolo Single Vineyard Syrah 2018

Vale do São Francisco	Tinto	$$$

Num estilo mais opulento, tem acidez refrescante e taninos firmes, que trazem sustentação a toda essa fruta vermelha e negra mais madura. Tem final carnudo, com toques de amoras e de especiarias picantes. Um autêntico vinho de sol.

AD 89 PTS

Terranova GSM 2018

Vale do São Francisco | Tinto | $$

Grata surpresa, aqui menos é muito mais. Esbanja frutas vermelhas e negras amadurecidas pelo sol do Nordeste, acompanhadas de notas terrosas, de ervas e de especiarias. Tem acidez na medida, taninos de boa textura e final médio/longo, confirmando o nariz. Para os embutidos!

AD 89 PTS

Terranova Rosé de Noir Brut

Vale do São Francisco | Espumante | $$

Fácil de agradar, esbanja morangos maduros tanto no nariz quanto na boca. Tem acidez vibrante e textura cremosa, que equilibram seu estilo brut de maior dulçor. Tem final com toques cítricos, salinos e de ervas frescas.

AD 88 PTS

Miolo Late Harvest 2012

Campanha Gaúcha | Doce | $$$

Tem fruta de qualidade, textura firme e acidez vibrante, que sustenta seu dulçor.

AD 88 PTS

Miolo Reserva Pinot Grigio 2019

Campanha Gaúcha | Branco | $$$

Gostoso de beber e de boa tipicidade, mostra frutas brancas e de caroço acompanhadas de notas florais e de ervas, tanto no nariz quanto no palato. Tem acidez refrescante e final com toques cítricos e de pêssegos.

AD 88 PTS

Miolo Reserva Sauvignon Blanc Colheita Noturna 2019

Campanha Gaúcha | Branco | $$$

Mais uma boa edição desse branco, que esbanja frescor e frutas cítricas. Tem gostosa textura, vibrante acidez e final com toques salinos, de maracujá e de limão siciliano.

AD 87 PTS

Miolo Seleção Cabernet Sauvignon Tempranillo Rosé 2019

Campanha Gaúcha | Tinto | $$

Uma boa versão desse rosé despretensioso e fácil de agradar, que esbanja frutas vermelhas maduras escoltadas por notas florais e de ervas, tanto no nariz quanto na boca.

AD 87 PTS

Seival by Miolo Brut Rosé

Campanha Gaúcha | Espumante | $$

Cheio de frutas vermelhas lembrando morangos, tem acidez refrescante e textura firme, que trazem vibração ao conjunto. Tem final cativante, com toques salinos e cítricos. Para o aperitivo!

AD 87 PTS

Terranova Reserve Verdejo 2019

Vale do São Francisco | Branco | $$

Despretensioso e fácil de beber, mostra notas de ervas envolvendo sua fruta branca madura. Tem gostosa acidez e final com toques de limão tahiti.

Outros vinhos degustados

AD 86 PTS **Seival by Miolo Brut**
Campanha Gaúcha | Espumante | $$

AD 86 PTS **Terranova Blanc de Blancs Demi-Sec**
Vale do São Francisco | Espumante | $$

MONTE PASCHOAL

A Monte Paschoal (Basso Vinhos e Espumantes) é uma empresa tradicional, que começou na década de 1940 com Hermindo Basso, sob o nome de Cantina Rural, em Farroupilha. Hoje trabalha com duas linhas distintas, a mais sofisticada é a Monte Paschoal.

Região
Farroupilha
Fundação
1974
Enólogo
Magnos Basso
Endereço
Linha Monte Bérico, s/nº, 2º Distrito
Site
www.vinicolabasso.com.br
Enoturismo
-

AD 91 PTS — Monte Paschoal Moscatel Espumante

Farroupilha	Espumante	$

Sempre entre os melhores Moscatel Espumante do Brasil, nessa tiragem esbanja maçãs e frutas cítricas em abundância, tudo equilibrado por deliciosa e refrescante acidez. Nada enjoativo e muito gostoso de beber, tem final com toques salinos, cítricos e de ervas frescas.

AD 90 PTS — Dedicato Método Tradicional Brut 2017

Serra Gaúcha	Espumante	$$$$

Grata surpresa, mostra frutas tropicais de perfil mais fresco acompanhadas por notas tostadas, de pão e de especiarias doces. No palato, tem textura cremosa, acidez vibrante e final persistente, com toques salinos e de limão tahiti.

AD 90 PTS — Monte Paschoal Moscatel Rosé Espumante

Farroupilha	Espumante	$

Fora a linda e sedutora cor, beber esse espumante é como comer morangos muito doces e suculentos, muito bem temperados com gotas de limão e pitadas de sal. Consistente, mostra ótimo equilíbrio entre sua acidez e doçura, o que o torna fluido e nada enjoativo, fazendo uma linda dupla com seu irmão branco.

AD 87 PTS — Monte Paschoal Prosecco Brut

Serra Gaúcha	Espumante	$$

Fresco e fácil de beber, mostra as típicas notas de frutas brancas e de caroço tanto no nariz quanto na boca. Para o aperitivo.

AD 87 PTS — Monte Paschoal Reserva Chardonnay 2018

Campanha Gaúcha	Branco	$$

De boa tipicidade, aqui a fruta tropical fresca e a acidez vibrante trazem tensão e equilibram o aporte de madeira. Tem final com toques amanteigados e de abacaxi fresco.

Outros vinhos degustados

AD 86 PTS — Monte Paschoal Brut Rosé
Encruzilhada do Sul | Espumante | $$

AD 86 PTS — Monte Paschoal Reserva Tannat 2016
Campanha Gaúcha | Tinto | $$

AD 85 PTS — Monte Paschoal Brut
Campanha Gaúcha | Espumante | $$

PANCERI

Região
Tangará
Fundação
1990
Enólogo
Marcel Salante
Endereço
Linha Leãozinho, s/n, Tangará (SC)
Site
www.panceri.com.br
Enoturismo

Há quase 30 anos, a vinícola Panceri é um modo de viver em família. A tradição do cultivo da uva e da elaboração de vinhos é uma valiosa herança. Em 2005, a empresa foi a primeira vinícola catarinense a exportar.

AD **89** PTS

Altos Cabernet Sauvignon Merlot 2015

Tangará	Tinto	$$

Despretensioso, mas entrega o que promete. Gostoso em sua simplicidade e pureza. Mostra fruta vermelha fresca típica de clima frio, acompanhada de notas terrosas, de ervas e de especiarias doces. Tem acidez refrescante, taninos de boa textura e final agradável, confirmando o nariz.

PECULIARE

Vinícola familiar de produção restrita. Atualmente trabalha com tintos, brancos e espumantes. Produziu o primeiro vinho brasileiro com denominação de origem.

Região
Vale dos Vinhedos
Fundação
2003
Enólogo
Ronaldo Zorzi
Endereço
Linha Leopoldina Km 06 - Vale dos Vinhedos - Bento Gonçalves - RS
Site
www.peculiare.com.br
Enoturismo

AD 90 PTS Peculiare Moscatel Espumante

Vale dos Vinhedos | Espumante | $$

Deliciosa surpresa, cheio de tipicidade, esbanjando maçã verde tanto no nariz quanto na boca. As notas florais e os toques cítricos e salinos dão tempero final nesse Moscatel Espumante sedutor e gostoso de beber.

AD 88 PTS Peculiare Brut

Vale dos Vinhedos | Espumante | $$

Mostra frutas tropicais e brancas maduras escoltadas por notas florais, de ervas e de pão doce, que se confirmam na boca. Tem boa cremosidade, gostosa acidez e final agradável, com toques salinos e de abacaxi.

Outros vinhos degustados

AD 85 PTS **Peculiare Merlot 2014**
Vale dos Vinhedos | Tinto | $$

PERICÓ

Região
Serra Catarinense
Fundação
2002
Enólogo
Jefferson S. Nunes
Endereço
**Rua Valdomiro Pereira da Cruz, s/nº
Três Pedrinhas - São Joaquim (SC)**
Site
www.vinicolaperico.com.br
Enoturismo
–

Projeto pessoal do empresário catarinense Wandér Weege, os vinhedos cobrem uma alta colina no município de São Joaquim. A preparação das terras foi iniciada em fevereiro de 2003 e durou dois anos. Em 2010, produziu o primeiro Icewine brasileiro.

AD 91 PTS

Pericó Doradus Champenoise Nature Sur Lie 2012

São Joaquim | Espumante | $$$$

Mais um espumante para a categoria sur lie, ou seja, é colocado à venda sem a degola, com as leveduras na garrafa. Uma boa surpresa, aqui o longo período de permanência com as leveduras manteve a fruta fresca e vibrante, com as notas de pão, de fermento e de especiarias aportando complexidade ao conjunto. Tem acidez pulsante, textura cremosa e final longo, com toques salinos, de ervas e de limão tahiti.

AD 90 PTS

Cave Pericó Champenoise Nature 47 Meses 2014

São Joaquim | Espumante | $$$$

O maior tempo de autólise trouxe ainda mais notas de frutos secos, de pão e de especiarias, envolvendo suas frutas brancas e de caroço mais maduras e trazendo complexidade ao conjunto. Tem final cheio e persistente, com toques salinos, cítricos e de ervas.

AD 90 PTS

Taipa Rosé 2018

São Joaquim | Rosé | $$$$

Notas de ervas e especiarias picantes envolvem sua fruta vermelha e branca de perfil mais fresco, que se confirmam na boca. Estruturado, tem gostosa acidez, firme textura e final agradável, com toques cítricos e de morango maduro.

AD 89 PTS

Cave Pericó Moscatel Espumante

São Joaquim | Espumante | $$$

Mostra frutas brancas e cítricas acompanhadas de notas florais e de ervas, tudo bem equilibrado por vibrante acidez e boa textura. Tem final cativante, com toques salinos e de limão siciliano, pedindo mais um gole.

Peterlongo

Uma das mais antigas vinícolas brasileiras, a Peterlongo – fundada em 1915 pelo imigrante italiano Manoel Peterlongo – tem o privilégio de ter sido a primeira empresa do Brasil a fazer espumantes pelo método tradicional.

Região
Serra Gaúcha
Fundação
1915
Enóloga
Deise Cristina Tem Pass
Endereço
Rua Manuel Peterlongo Filho, 216 - Centro - Garibaldi (RS)
Site
www.peterlongo.com.br
Enoturismo

AD 93 PTS — Peterlongo Elegance Nature

Serra Gaúcha	Espumante	$$$$$

Impressiona pelo equilíbrio do conjunto e pelas notas de fermento, de especiarias e de manteiga, que envolvem sua fruta tropical e de caroço de qualidade, tanto no nariz quanto na boca. Estruturado e no estilo mais vinoso, tem refrescante acidez, textura cremosa e final longo e cativante, com toques salinos e de frutos secos. Excelente surpresa, ainda mais vindo dessa empresa, que foi a pioneira em elaborar espumantes no Brasil.

AD 90 PTS — Privilege Brut

Serra Gaúcha	Espumante	$$$$

No estilo vinoso dessa linha, mostra frutas brancas e tropicais envoltas por notas florais, de padaria e de especiarias doces. No palato, tem textura firme, acidez na medida e final cativante e persistente, com toques de frutos secos e de fermento.

AD 91 PTS — Privilege Extra Brut

Serra Gaúcha	Espumante	$$$$

Faz um ótimo par com seu irmão brut, mantendo o estilo vinoso, mas aqui mais austero, vertical e firme, com frutas cítricas e acidez vibrante envolvendo tudo por onde passa. Vai conquistando a cada gole e pedindo a companhia de pescados em geral.

AD 89 PTS — Armando Memória Chardonnay 2018

Serra Gaúcha	Branco	$$$

Num estilo amável e delicado, cheio de frutas tropicais maduras acompanhadas de notas amanteigadas e de especiarias, tanto no nariz quanto na boca. Tem refrescante acidez, gostosa textura e final persistente, com toques amanteigados, tostados e de frutos secos.

AD 88 PTS

Armando Memória Touriga Nacional 2017

Rio Grande do Sul	Tinto	$$$$

Nessa versão, apesar da madeira ainda ter papel mais importante do que deveria, mostra fruta vermelha viva e de qualidade, acidez refrescante e taninos de boa textura, que trazem certo equilíbrio ao conjunto.

AD 88 PTS

Peterlongo Prosecco Brut

Serra Gaúcha	Espumante	$$

Uma das melhores versões desse espumante, mostra frutas brancas e de caroço maduras, bem equilibradas por gostosa acidez, toques salinos e cremosa textura. Um autêntico vinho de sol.

PIZZATO

Vinícola familiar que nasceu das mãos de Plínio Pizzato, vinicultor experiente e rigoroso, e da dedicação de seus quatro filhos e sua esposa. Com a cantina reformada e modernizada e os vinhedos impecáveis, trabalha seriamente nos mercados interno e externo.

Região
Vale dos Vinhedos
Fundação
1999
Enólogo
Flávio Pizzato
Endereço
Via dos Parreirais, s/nº - Vale dos Vinhedos - Bento Gonçalves (RS)
Site
www.pizzato.net
Enoturismo

AD 92 PTS — Pizzato Nature 2016

Vale dos Vinhedos | Espumante | $$$$$

Nessa safra 2016, mostra-se mais austero e tenso, com a acidez vibrante, a textura firme e os toques salinos ditando as regras, tudo envolto por muita cremosidade, notas de frutos secos e de fermento. Uma delícia de vinho, que consegue ser jovial e austero, com a virtude de poder acompanhar uma refeição do início ao fim.

AD 92 PTS — Pizzato Vertigo Nature 2016

Vale dos Vinhedos | Espumante | $$$$$

Consistente, essa já é a quinta versão deste espumante sem a degola (Sur Lie), que vem ditando tendências. Faz um ótimo par com seu irmão nature da mesma safra, com a mesma força e tensão, porém apresentada aqui de modo mais frutado e jovial, com as notas de fermento e o aroma de caju (uma característica desse vinho desde a primeira edição) em evidência. Persistente, chama a atenção pela textura cremosa e pelo final com toques salinos.

AD 91 PTS — Pizzato Brut 2017

Vale dos Vinhedos | Espumante | $$$$

Sempre consistente, essa é mais uma ótima tiragem deste espumante, que mostra acidez vibrante e textura cremosa envolvendo toda sua fruta branca e tropical. Fluido e muito gostoso de beber, tem final persistente, com toques especiados, salinos, de fermento e de frutos secos.

AD 91 PTS — Pizzato Brut Rosé 2017

Vale dos Vinhedos | Espumante | $$$$

Faz um belo par com seu irmão branco. Nessa tiragem, mostra harmonia entre frutas vermelhas maduras e notas terrosas, especiadas e de frutos secos. Num estilo mais vinoso e gastronômico, tem acidez refrescante, textura cremosa e final agradável e persistente, confirmando o nariz.

AD 90 PTS — Fausto Brut

Serra Gaúcha | Espumante | $$$

Mais uma ótima tiragem desse espumante, cheio de tensão e vivacidade, que esbanja frutas cítricas e tropicais acompanhadas de notas florais, de especiarias e de frutos secos, tudo sustentado por refrescante acidez, textura cremosa e final com toques salinos e de limão siciliano.

AD 90 PTS

Pizzato Chardonnay de Chardonnays 2018

Vale dos Vinhedos | Branco | $$$$

Sempre entre os melhores Chardonnay do Brasil, nessa safra mostra perfil de fruta tropical mais madura, bem equilibrada por refrescante acidez, textura firme e final com toques salinos e cítricos.

AD 90 PTS

Pizzato Concentus Gran Reserva 2015

Vale dos Vinhedos | Tinto | $$$$$

Nessa versão mostra frutas vermelhas e negras mais frescas, acompanhadas de notas florais e de especiarias doces. Estruturado, tem acidez vibrante e taninos firmes, que trazem equilíbrio ao conjunto e ao aporte de madeira, que aparece mais do que deveria. Macio, redondo e fácil de agradar.

AD 90 PTS

Pizzato Veludo Azul Reserva Alicante Bouschet 2014

Vale dos Vinhedos | Tinto | $$$$$

Uma outra versão mais amável e de frutas negras maduras, bem sustentadas por taninos de ótima textura, gostosa acidez e final com toques salinos, terrosos, de especiarias e de ervas secas. Está jovem e tem tudo para ficar ainda melhor nos próximos anos.

AD 89 PTS

Fausto Brut Rosé

Serra Gaúcha | Espumante | $$$

Refrescante e frutado, mostra morangos escoltados por notas terrosas, de ervas e de especiarias, que se confirmam no palato. Cremoso e cativante, tem boa acidez e final com toques salinos e de cerejas, que pedem uma segunda taça.

AD 89 PTS

Fausto Chardonnay 2019

Serra Gaúcha | Branco | $$$

Mais uma boa versão desse consistente Chardonnay, que mostra frutas lembrando abacaxi, seguidas de notas florais e de ervas, que se confirmam no palato. Cativante e fácil de agradar, tem acidez refrescante, boa textura e final com toques cítricos e salinos.

AD 89 PTS

Fausto Merlot 2017

Serra Gaúcha | Tinto | $$$

Uma ótima versão desse tinto, mostra fruta nítida lembrando ameixas, acidez refrescante e taninos de boa textura, que equilibram o conjunto, sustentando o aporte da madeira. Tem final cativante, com toques florais, especiados e terrosos.

AD 89 PTS

Pizzato Reserva Merlot de Merlots 2016

Vale dos Vinhedos | Tinto | $$$$

Cativante nos aromas, mostra notas florais, de ervas e de especiarias acompanhando sua fruta, lembrando ameixas. Tem acidez refrescante e taninos firmes e de grãos finos, que trazem vivacidade ao conjunto e rivalizam com o aporte de madeira, que está aparecendo mais do que deveria no final de boca, pelo menos até o momento.

AD 89 PTS

Pizzato Sangue de Verdade Reserva Egiodola 2015

Vale dos Vinhedos | Tinto | $$$$

Uma versão amansada dessa variedade de taninos firmes. Mostra frutas vermelhas acompanhadas de notas terrosas e especiadas, tanto no nariz quanto na boca. A acidez refrescante e sua ótima textura rivalizam com o aporte da madeira que aparece mais do que deveria no final de boca, pelo menos por enquanto.

89 PTS — Pizzato Sauvignon Blanc 2019

Vale dos Vinhedos | Branco | $$$

Mais uma boa versão desse Sauvignon, mostra limão siciliano e frutas brancas acompanhadas de notas florais e de ervas frescas. Tem bom corpo, gostosa textura, acidez vibrante e final com toques cítricos.

88 PTS — Fausto Cabernet Sauvignon 2017

Serra Gaúcha | Tinto | $$

De boa tipicidade, mostra ameixas acompanhadas de notas de ervas e de especiarias, tudo sustentado por refrescante acidez e taninos de boa textura. A madeira, por enquanto, aparece mais do que deveria no final de boca.

88 PTS — Fausto de Pizzato Verve Gran Reserva 2015

Serra Gaúcha | Tinto | $$$$

Ainda muito jovem, encanta pela notas terrosas, de ervas secas e de especiarias, que envolvem sua fruta vermelha de qualidade, que consegue mostrar um pouco da sua cara atrás da madeira, que aparece mais do que deve. Tem taninos de ótima textura e final cheio e persistente, confirmando o nariz.

88 PTS — Fausto Demi-Sec

Serra Gaúcha | Espumante | $$$

Mais uma boa versão desse sempre bem feito espumante no estilo demi-sec. Tem muita fruta branca e tropical madura acompanhadas de ótima acidez, que traz equilíbrio ao seu dulçor.

88 PTS — Fausto Merlot Rosé 2019

Serra Gaúcha | Rosé | $$$

Cheio de frutas vermelhas maduras, tanto no nariz quanto na boca, tem boa acidez que traz sustentação e certa vivacidade ao conjunto. Tem final sedutor, com toques terrosos, salinos e de morangos. Definitivamente, um rosado para a mesa.

87 PTS — Fausto Tannat 2016

Serra Gaúcha | Tinto | $$$

Mostra perfil de frutas vermelhas e negras maduras, quase em compota, acompanhadas de notas terrosas e de ervas, que se confirmam na boca. Tem boa acidez e textura firme, que trazem certo equilíbrio a toda essa opulência. A madeira, pelo menos até o momento, aparece mais do que deveria.

Outros vinhos degustados

86 PTS — Fausto Violette Tinto
Serra Gaúcha | Tinto | $$

Projeto Origens

Região
Pinto Bandeira
Fundação
2012
Enólogo
Maciel Ampese
Endereço
Rua Augusto César, 150, Fundinho, Uberlândia(MG)
Site
www.emporiocolheita.com.br
Enoturismo
-

Desenvolvido pelo sommelier Matheus Tomaz Machado em parceria com vinícolas brasileiras de pequena produção. O projeto busca como referência os vinhos elaborados em regiões clássicas do continente europeu, para desenvolver, em safras especiais, vinhos que mostrem o melhor de cada terroir brasileiro explorado.

AD 90 PTS

ChampenUAIse Brut 2016

Pinto Bandeira	Espumante	$$$$

Curioso e cativante espumante, que usa cachaça na elaboração de seu licor de expedição. Cremoso, mostra frutas tropicais e de caroço envoltas por notas florais, tostadas e de especiarias doces, que se confirmam na boca. O final é gostoso, com toques salinos, cítricos e de madeira umburana, que no caso foi usada para armazenar aguardente. Merece ser provado.

Red Wines

Com a assessoria do uruguaio Alejandro Cardozo, a Red Wines elabora vinhos e espumantes com foco em vinho para festas e eventos, inclusive fazendo rótulos exclusivos, sob encomenda. Em sua linha, contam com garrafas metalizadas e também um espumante com flocos de ouro.

Região
Caxias do Sul
Fundação
2018
Enólogo
Alejandro Cardozo
Endereço
Rua Tereza Mezzomo Debastiani, 83, Desvio Rizzo, Caxias do Sul (RS)
Site
www.redwines.com.br
Enoturismo
-

AD **90** PTS
Red Wines Luxury Brut

Caxias do Sul	Espumante	$$$$$

Mostra frutas brancas e de caroço de perfil mais fresco acompanhadas de notas florais, de fermento, de ervas e de especiarias doces, que se confirmam no palato. Cremoso e de bom corpo, tem acidez vibrante e final agradável e cativante.

AD **89** PTS
Red Wines Luxury Prosecco Brut

Caxias do Sul	Espumante	$$$$$

Cheio de frutas brancas envoltas por notas de ervas e de flores, com sua textura cremosa e acidez pulsante ditando as regras. Tem final agradável, com toques salinos e de limão tahiti, pedindo mais um gole.

AD **89** PTS
Red Wines Luxury Prosecco Gold 23K

Monte Belo do Sul	Espumante	$$$$$

Fora os flocos de ouro que dão charme e beleza, mostra frutas brancas frescas acompanhadas de notas florais e de ervas, que se confirmam na boca. Tem acidez vibrante, textura cremosa e final com toques salinos e cítricos.

AD **88** PTS
Red Wines Luxury Brut Rosé

Caxias do Sul	Espumante	$$$$$

Apesar do estilo de frutas vermelhas mais maduras e acompanhadas de notas de ervas e de especiarias, tem gostosa acidez e textura firme, que trazem certo equilíbrio ao conjunto.

AD **88** PTS
Red Wines Pinot Noir 2018

Caxias do Sul	Tinto	$$$

Num estilo mais maduro, mostra notas terrosas e de especiarias escoltando sua fruta vermelha, lembrando cerejas.

AD **88** PTS
Red Wines Pinot Noir Rosé 2019

Caxias do Sul	Rosé	$$$

Mostra morangos maduros acompanhados de notas florais e de ervas, que se confirmam na boca. Tem gostosa acidez e toques salinos, que trazem equilíbrio ao conjunto.

Outros vinhos degustados

AD **86** PTS
Red Wines Sauvignon Blanc 2019
Caxias do Sul | Branco | $$$

Salton

Região
Serra Gaúcha, Serra do Sudeste, Campos de Cima da Serra e Campanha Gaúcha
Fundação
1910
Enólogos
Luciano e Gregório Salton
Endereço
Rua Mario Salton, 300, Distrito de Tuiuty, Bento Gonçalves (RS)
Site
www.salton.com.br
Enoturismo

Uma das maiores e mais tradicionais vinícolas do Brasil, a Salton foi fundada em 1910, mas foi com Angelo Salton, no final década de 1990, que a vinícola passou a se focar realmente na produção de vinhos e espumantes de qualidade. Atualmente é a maior produtora de espumantes do Brasil.

AD 91 PTS — Salton Gerações Azir Antonio Salton Nature

Serra Gaúcha | Espumante | $$$$$

Espumante branco nature composto de Pinot Noir, Chardonnay e Riesling Itálico, mantido por, pelo menos, 28 meses em contato com as leveduras. Chama atenção pelo volume de boca e cremosidade, tudo num contexto de muita fruta branca e de caroço madura, seguida de notas cítricas, minerais e salinas. Com o tempo na taça, mostra notas de pão, de fermento e de frutos secos. Tenso e vinoso, tem final cheio e persistente, com toques salinos e cítricos.

AD 90 PTS — Salton Évidence Brut

Serra Gaúcha | Espumante | $$$

Muito boa tiragem desse espumante. Cremoso e estruturado, tem bom volume de boca e refrescante acidez, que trazem sustentação ao seu estilo brut de maior sensação de dulçor. Tem final fluido e limpo, com toques especiados, salinos e de frutos secos. Tem qualidade, equilíbrio e potencial para uma versão extra-brut ou nature.

AD 90 PTS — Salton Talento 2012

Rio Grande do Sul | Tinto | $$$$

Tinto composto de uvas 60% Cabernet Sauvignon, 30% Merlot e 10% Tannat advindas da Serra e da Campanha Gaúcha, com estágio de 12 meses em barricas de carvalho. Mantém o mesmo estilo da safra 2011, mostrando mais frescor e tensão. Tem acidez vibrante, taninos de ótima textura e final suculento e persistente, com toques de grafite. Ainda jovem, deve ficar melhor nos próximos 5 anos.

AD 89 PTS — Salton Desejo Merlot 2015

Rio Grande do Sul | Tinto | $$$$

De boa tipicidade e muito fácil de agradar, mostra perfil de frutas negras maduras como ameixas, acompanhadas de notas florais e de especiarias doces. Tem acidez refrescante e taninos de ótima textura, que trazem equilíbrio ao conjunto. A madeira, por enquanto, aparece mais do que deveria no final de boca.

AD 89 PTS

Salton Intenso Marselan 2017

Campanha Gaúcha | Tinto | $$

Tinto elaborado exclusivamente a partir de uvas Marselan cultivadas na Campanha Gaúcha, sem passagem por madeira. Aqui menos é muito mais. Puro suco de frutas, esbanja amoras e ameixas frescas acompanhadas de notas florais, terrosas e de ervas. Suculento e gostoso de beber, tem ótima acidez, taninos macios e de boa textura e final médio e agradável, confirmando o nariz. Para os embutidos.

AD 89 PTS

Salton Intenso Tannat 2017

Campanha Gaúcha | Tinto | $$

Tinto elaborado exclusivamente a partir de uvas Tannat cultivadas na Campanha Gaúcha, com breve estágio de 6 meses em barricas de carvalho. Frutado, de boa tipicidade e muito gostoso de beber, esbanja ameixas e amoras de perfil mais fresco seguidas de notas de ervas e de especiarias, que se confirmam na boca. Fluido e nítido, tem acidez refrescante, taninos macios e final agradável, que pede mais um gole. Por ser fácil de entender e de agradar parece menos complexo do que realmente é. Ótimo exemplo de que menos é mais.

AD 89 PTS

Salton Prosecco Brut

Serra Gaúcha | Espumante | $$

Uma ótima e madura versão desse espumante, mostra as típicas notas de maçã da variedade, acompanhadas de toques florais e de ervas frescas. Cremoso e leve, tem vibrante acidez e final com toques salinos e de limão siciliano.

AD 88 PTS

Salton Brut Rosé

Serra Gaúcha | Espumante | $$

Mostra morangos e frutas brancas escoltadas por notas florais e herbáceas. Cremoso e de bom corpo, tem acidez refrescante, gostosa textura e final com toques salinos, que aportam certo equilíbrio ao seu perfil de maior dulçor.

AD 88 PTS

Salton Moscatel Espumante

Serra Gaúcha | Espumante | $$

De coloração amarelo claro, esse Moscatel apresenta aroma de pêssego em calda, notas de flores brancas e de chá preto. Com um bom volume e cremosidade, o sabor de chá preto se evidencia no palato quebrando o lado melado da Moscatel. Boa opção para acompanhar sobremesa ou mesmo uma fatia de bolo no chá da tarde e com mais de uma taça!

AD 88 PTS

Salton Ouro Brut

Serra Gaúcha | Espumante | $$

Notas tostadas, de fermento e de especiarias doces envolvem sua fruta branca e tropical de perfil mais maduro. Tem acidez vibrante e gostosa textura, que aportam estrutura e meio de boca, tornando-o fluido e gostoso de beber.

AD 88 PTS

Salton Paradoxo Cabernet Sauvignon 2016

Campanha Gaúcha | Tinto | $$

Bem feito nesse estilo de fruta vermelha e negra mais madura, quase em compota, com sua refrescante acidez e os taninos de boa textura, trazendo equilíbrio ao conjunto. As notas de ervas e de especiarias picantes dão o tempero final.

88 PTS — Salton Paradoxo Merlot 2016

Campanha Gaúcha | Tinto | $$

Num estilo fácil de beber e de agradar, mostra ameixas envoltas por notas florais e de especiarias doces, que se confirmam no palato. Tem ótima acidez e taninos de boa textura, que pedem comida. Uma versão sem madeira seria muito bem-vinda.

88 PTS — Séries by Salton Brut Rosé

Serra Gaúcha | Espumante | $$

Puros morangos maduros com gotas de limão, tudo num contexto de acidez refrescante e textura agradável. Gostoso de beber e fácil de agradar. Despretensioso, entrega bem mais do que promete.

87 PTS — Séries by Salton Brut

Serra Gaúcha | Espumante | $$

Frutado, cremoso e fácil de beber, tem gostosa acidez e final com toques salinos e cítricos. Aqui menos é mais.

Outros vinhos degustados

86 PTS — Salton Brut
Serra Gaúcha | Espumante | $$

86 PTS — Séries by Salton Moscatel Espumante
Serra Gaúcha | Espumante | $$

SALVATTORE

Fruto do sonho do enólogo Antonio Salvador em ter seu próprio empreendimento, a vinícola está inserida num pavilhão histórico em Flores da Cunha. As instalações demoraram 10 anos para serem totalmente restauradas e, desde 2008, estão abertas ao público para visitação.

Região
Altos Montes
Fundação
1998
Enólogo
Antonio Salvador e Daniel Salvador
Endereço
Rua Júlio de Castilhos, 1880 - Centro - Flores da Cunha (RS)
Site
www.vinicolasalvattore.com.br
Enoturismo

AD 90 PTS — Salvattore Moscatel Espumante

Flores da Cunha	Espumante	$$

Mais uma ótima edição deste Moscatel, sempre entre os melhores e mais consistentes do Brasil. Mostra maçãs em abundância, escoltadas por notas florais e de ervas. Nada enjoativo, tem refrescante acidez e toques salinos que equilibram seu dulçor.

AD 88 PTS — Salvattore Reserva Cabernet Sauvignon 2016

Flores da Cunha	Tinto	$$$

As notas de ervas e de especiarias picantes escoltam sua fruta vermelha e negra, tudo num contexto de taninos de boa textura e refrescante acidez, que sustentam o conjunto e o aporte da madeira, que, até o momento, aparece mais do que deveria.

AD 87 PTS — Salvattore Brut Rosé

Flores da Cunha	Espumante	$$

Mostra perfil mais adocicado e de frutas vermelhas mais maduras, com acidez e textura, que aportam certo equilíbrio ao conjunto.

Outros vinhos degustados

AD 86 PTS — **Casa Salvador Cabernet Sauvignon 2017**
Flores da Cunha | Tinto | $$

AD 86 PTS — **Casa Salvador Merlot 2017**
Flores da Cunha | Tinto | $

AD 86 PTS — **Salvattore Brut**
Flores da Cunha | Espumante | $$

AD 85 PTS — **Casa Salvador Moscato 2019**
Flores da Cunha | Branco | $$

TERRASSOS

Região
Serra da Mantiqueira
Fundação
2010
Enólogo
Fábio Luís do Nascimento
Endereço
SP 352 - Rod. Amparo Itapira, km 137
Site
www.terrassos.com.br
Enoturismo

A vinícola Terrassos surgiu em 2003 com a plantação dos vinhedos na região de Amparo, Serra da Mantiqueira. Após testes com cerca de 20 variedades de uvas viníferas, a vinícola concluiu em 2010 sua nova cantina e iniciou a elaboração de vinhos com mínima intervenção.

AD **88** PTS

Terrassos 4 Estações Syrah 2017

Amparo	Tinto	$$$

Seguramente, a melhor versão desse tinto. Tem gostosa acidez e taninos de boa textura, envolvendo toda sua fruta vermelha de perfil mais fresco. Por enquanto, a madeira aparece mais do que deveria, mas nada que o tempo de garrafa não resolva.

AD **87** PTS

Terrassos Moscato 2019

Amparo	Branco	$

Nos aromas, mostra as típicas notas florais, de ervas e de frutas brancas da variedade, que se confirmam no palato. Fácil de beber e de agradar. Uma versão seca seria muito bem-vinda.

Thera

O nome da vinícola é uma homenagem à Therezinha Borges de Freitas, carinhosamente chamada de Thera pelo falecido marido Manoel Dilor de Freitas, e por seus quatro filhos, entre os quais João Paulo, o idealizador da Vinícola Thera.

Região
Serra Catarinense
Fundação
2013
Enólogo
Flávia Cavalcanti e Átila Zavarizze
Endereço
Rodovia SC 230 KM 08, Zona Rural
Site
www.vinicolathera.com.br
Enoturismo

AD 90 PTS — Thera Auguri Blanc de Blancs Brut

Bom Retiro	Espumante	$$$$

Mais uma boa tiragem desse espumante, agora elaborado pelo método tradicional. Tem gostosa acidez, textura cremosa e final persistente e agradável, com toques salinos, de fermento e de limão siciliano.

AD 90 PTS — Thera Rosé 2018

Bom Retiro	Rosé	$$$$

Mais uma boa edição desse rosado, que esbanja frutas cítricas e vermelhas de perfil mais fresco, tudo escoltado por vibrante acidez, textura cremosa e final com toques salinos.

AD 89 PTS — Thera Chardonnay 2017

Bom Retiro	Branco	$$$$$

Num estilo contido e amável, com seu abacaxi maduro bem equilibrado por textura firme e gostosa acidez. Tem final cativante, com toques florais e de especiarias doces.

AD 89 PTS — Thera Pieno Sangiovese Montepulciano 2017

Bom Retiro	Tinto	$$$$$

Mostra frutas vermelhas típicas de clima frio, acompanhadas de notas terrosas e de especiarias, que se confirmam no palato. Estruturado e gostoso de beber, tem refrescante acidez, taninos de boa textura e final com toques de cerejas. Por enquanto, a madeira tem papel mais importante do que deveria.

AD 89 PTS — Thera Sauvignon Blanc 2017

Bom Retiro	Branco	$$$$

Sempre entre os melhores Sauvignon do Brasil, nessa versão está cheio de notas herbáceas acompanhado sua fruta branca e cítrica. Chama atenção pela textura firme, pela refrescante acidez e pelo final cativante, com toques salinos e de maracujá

VALMARINO

Região
Pinto Bandeira
Fundação
1997
Enólogo
Marco Antônio Salton
Endereço
Linha Silva Pinto Sul, s/nº
Site
www.valmarino.com.br
Enoturismo
-

Orval Salton, neto de Antônio, patriarca dos Salton, quis ter sua própria vinícola, e as obras de construção se iniciaram em 1991 e foram finalizadas em 1997. O nome da vinícola é uma homenagem e um resgate à história da família Salton, que tem origem na localidade de Cison di Valmarino, na província de Treviso, Itália.

AD 91 PTS

Valmarino & Churchill Prestige Nature 2015

Pinto Bandeira	Espumante	$$$$$

Uma ótima edição desse espumante, que esbanja frutas tropicais de perfil mais fresco, seguidas de notas especiadas, amanteigadas, de camomila e de frutos secos. Aqui a acidez vibrante e a textura firme ditam as regras, trazendo tensão e vivacidade. Tem final longo, com toques salinos e de limão tahiti.

AD 91

Valmarino Sur Lie Nature 2015

Pinto Bandeira	Espumante	$$$$

Mais um Sur Lie (espumantes que são colocados no mercado sem a degola, ou seja, com as leveduras na garrafa) nessa categoria que só vem crescendo no Brasil. Cremoso e estruturado, mostra notas terrosas e de padaria envolvendo toda sua fruta branca e de caroço. Tem gostosa acidez e final agradável, com toques salinos e de frutos secos.

AD 90 PTS

Valmarino & Churchill Extra Brut 2015

Pinto Bandeira	Espumante	$$$$

Mantendo o estilo vinoso dessa linha, mostra notas tostadas, de fermento e de especiarias doces envolvendo toda sua fruta. Tem acidez refrescante, textura firme e final persistente, com toques salinos, terrosos e de ervas secas.

AD 89 PTS

Valmarino Ano XXII Cabernet Franc 2017

Pinto Bandeira	Tinto	$$$$$

Sempre consistente, nessa versão mostra ainda mais opulência e fruta madura, mas com textura firme e acidez refrescante, que sustentam o conjunto. A madeira, por enquanto, tem papel mais importante do que deveria. As notas de ervas secas e de tabaco dão o toque final de complexidade.

AD 89 PTS

Valmarino Reserva da Família 7ª Edição 2015

Pinto Bandeira	Tinto	$$$$$

Chama atenção pela textura firme de taninos e pela acidez refrescante, que trazem sustentação a toda sua potência e fruta negra madura, quase em compota, tudo envolto por acidez refrescante e final com toques terrosos e de ervas secas.

AD 88 PTS

Valmarino Petit Verdot 2017

Pinto Bandeira	Tinto	$$$$

Apesar da madeira ter papel mais importante do que deveria, tem acidez na medida e taninos de boa textura que aportam certa tensão ao conjunto e equilibram toda sua fruta negra de perfil mais maduro, quase em compota.

AD 88 PTS

Valmarino Prosecco Brut 2018

Pinto Bandeira	Espumante	$$

Mostra frutas brancas maduras equilibradas por gostosa acidez e textura cremosa, tudo envolto por notas florais e de ervas frescas. Fácil de agradar e gostoso de beber.

VIAPIANA

Região
Altos Montes
Fundação
1986
Enólogo
Elton Viapiana
Endereço
Travessão Alfredo Chaves, s/nº - Flores da Cunha (RS)
Site
www.vinhosviapiana.com.br
Enoturismo

Fruto do empreendimento dos primeiros imigrantes da província de Mântova, na Itália, a vinícola conta com mais de 30 hectares de vinhedos e uma área construída de mais de 2.500 metros quadrados, que engloba cantina e espaços públicos.

AD 91 PTS — Viapiana Nature Champenoise 575 Dias

Altos Montes | Espumante | $$$$$

Mais uma ótima versão desse espumante, que sempre é marcado pelo estilo vinoso, privilegiando as notas especiadas, terrosas e de frutos secos. Austero e estruturado, tem ótima cremosidade, vibrante acidez e final persistente e cheio, com toques salinos e de fermento. Chama atenção pelo equilíbrio do conjunto.

AD 90 — Viapiana Brut Champenoise 250 Dias

Altos Montes | Espumante | $$$$

Mais uma consistente versão desse espumante 100% Riesling Itálico. Cheio de frescor e de acidez, tem textura cremosa e muita fruta branca acompanhada de notas florais, de padaria e de especiarias doces.

AD 90 PTS — Viapiana Microlotes Gamay Espumante Tinto Extra Brut

Altos Montes | Espumante | $$$$

Cativante em seu estilo rústico e terroso, tem gostosa acidez e taninos firmes, que trazem sustentação a toda sua fruta vermelha. Diferente e inusitado, faz lembrar os bons Lambrusco secos e, por isso, é companhia ideal para os embutidos.

AD 89 PTS — Viapiana Marselan 2014

Altos Montes | Tinto | $$$$$

Apesar da madeira ter papel importante tanto nos aromas quanto nos sabores, tem muita fruta vermelha, acidez refrescante e taninos de boa textura, que trazem certo equilíbrio ao conjunto. Gostoso em sua rusticidade, tem final com toques terrosos, de ervas secas e de especiarias doces.

AD 89 PTS — Viapiana Microlotes Gros Manseng 2017

Altos Montes | Branco | $$$$$

Cheio de frutas de caroço, tem acidez refrescante e textura firme e cremosa, que sustentam o conjunto e o aporte da madeira, que, até o momento, aparece mais do que deveria no final de boca. Nada que alguns anos a mais de garrafa não resolvam.

AD 88 PTS — Viapiana Brut Champenoise 192 Dias

Altos Montes | Espumante | $$$

Mostra perfil de frutas brancas e de caroço mais maduras e de maior sensação de dulçor, tudo bem equilibrado por gostosa acidez e final com toques cítricos e salinos.

AD 88 PTS

Viapiana Brut Rosé Champenoise 218 Dias

Altos Montes	Espumante	$$$

Nessa tiragem, apresenta frutas vermelhas e brancas de perfil mais fresco e vibrante, tudo escoltado por ótima acidez, boa cremosidade e final com toques cítricos e de frutos secos.

AD 88 PTS

Viapiana Green

Altos Montes	Branco	$$$

Fácil de beber e de agradar, tem gostosa acidez e corpo médio, que sustentam sua fruta branca madura. Tem final cativante, com toques salinos e de pêssegos, que pedem uma segunda taça.

AD 88 PTS

Viapiana Rosé

Altos Montes	Rosé	$$$

Despretensioso e gostoso em sua simplicidade, esbanja frutas brancas e vermelhas maduras bem equilibradas por gostosa acidez, boa textura e final com toques salinos, que pedem uma segunda taça.

Villa Cristina

Região
Pinto Bandeira
Fundação
2011
Enólogo
Maciel Ampese
Endereço
Linha Jansen, Pinto Bandeira (RS)
Site
-
Enoturismo
-

A Villa Cristina nasceu de um sonho do proprietário, Ricardo, de elaborar seus próprios vinhos. Como já tinha amizade com a família Giovannini, acabou firmando uma parceria entre Villa Cristina e Don Giovanni, que cuida dos vinhedos e da elaboração dos espumantes Villa Cristina.

AD 91 PTS

Villa Cristina Nature

Pinto Bandeira	Espumante	$$$$

Tenso e vibrante, mostra notas de frutos secos e de especiarias envolvendo suas frutas cítricas e brancas de perfil mais fresco. Surpreende pelo equilíbrio do conjunto, tudo num contexto de ótima acidez, textura cremosa e final com toques salinos.

AD 89

Villa Cristina Brut

Pinto Bandeira	Espumante	$$$$

Cremoso e gostoso de beber, mostra frutas brancas e de caroço maduras acompanhadas de notas florais, de ervas e de especiarias doces, que se confirmam no palato. Tem gostosa acidez e final agradável, com toques salinos e de padaria.

AD 89 PTS

Villa Cristina Brut Rosé

Pinto Bandeira	Espumante	$$$$

Bem feito nesse estilo mais vinoso e de fruta vermelha mais madura, tem acidez refrescante e firme textura, que trazem equilíbrio ao conjunto. Tem final suculento, com toques salinos, terrosos e de morangos.

VILLA FRANCIONI

Manoel Dilor Freitas, fundador da Villa Francioni, percorreu as melhores regiões produtoras do mundo e conversou com os especialistas para tentar encontrar o melhor local para produzir vinhos, chegando à São Joaquim.

Região
Serra Catarinense
Fundação
2004
Enólogo
Nei Rasera
Endereço
Rodovia SC-114 Km 300
São Joaquim/SC
Site
www.villafrancioni.com.br
Enoturismo

AD 91 PTS — VF Rosé 2018

São Joaquim	Rosé	$$$$

Sempre entre os melhores rosados do Brasil, tem acidez vibrante e textura firme envolvendo sua fruta vermelha e cítrica de perfil mais fresco. Sem nenhuma concessão ao dulçor, é gostoso de beber e com estrutura para acompanhar bem mais que um simples aperitivo. Tem final cativante e persistente, com toques cítricos, salinos e de ervas, pedindo mais um gole.

AD 89 — VF Francesco 2015

São Joaquim	Tinto	$$$$$

Típico tinto de clima mais frio, mostra notas de ervas, terrosas e de especiarias picantes envolvendo suas frutas vermelhas e negras de perfil mais fresco, tudo num contexto de acidez pulsante, taninos firmes e final mais longo que cheio, confirmando o nariz. Está jovem e, por enquanto, a madeira aparece mais do que deveria.

Vinhedos Capoani

Região
Vale dos Vinhedos
Fundação
2011
Enólogo
Marcos Vian
Endereço
Estrada RS 444 Km 24,4 - Vale dos Vinhedos - Bento Gonçalves (RS)
Site
www.vinhedoscapoani.com.br
Enoturismo
-

Tradicional família do ramo moveleiro, os Capoani plantaram as primeiras mudas de Chardonnay no Vale dos Vinhedos em 1973. Com o falecimento de Volmir, o herdeiro Noemir assumiu os vinhedos da família juntamente com os seus filhos Wilian e Renan. Em 2010, passaram a elaborar os primeiros vinhos com rótulos próprios.

AD 90 PTS

Vinhedos Capoani Chardonnay Frisante 2018

Vale dos Vinhedos | Espumante | $$$

Grata surpresa. Cheio de frutas tropicais e cítricas, chama atenção pela cremosidade e acidez vibrante, que trazem tensão ao conjunto. Gostoso de beber, tem final fresco, com toques salinos, de especiarias doces e de padaria.

AD 90 PTS

Vinhedos Capoani Rosé Merlot Gamay 2018

Vale dos Vinhedos | Rosé | $$$$

Chama atenção pela qualidade de fruta vermelha de perfil fresco, lembrando morangos, tudo equilibrado por gostosa textura, vibrante acidez e final com toques salinos e cítricos, que convidam a mais um gole. Tem estrutura e corpo para ser levado à mesa.

AD 89 PTS

Vinhedos Capoani Método Tradicional Moscato Giallo Doce

Vale dos Vinhedos | Espumante | $$$

Diferentemente do Moscatel Espumante, que é elaborado pelo método Asti, esse é feito pelo método tradicional de segunda fermentação em garrafa, o que confere mais estrutura e corpo. Mostra notas de ervas e de flores envolvendo sua fruta branca, tudo num contexto de gostosa acidez.

AD 89 PTS

Vinhedos Capoani Tannat 2015

Vale dos Vinhedos | Tinto | $$$$$

Num estilo mais pretensioso e opulento, de fruta negra mais madura, quase em compota. Tem taninos de fina textura e refrescante acidez, que trazem certo equilíbrio ao conjunto. A madeira tem papel importante nos aromas, mas principalmente nos sabores, aparecendo, nesse momento, mais do que deveria.

Vinhedos do Monte Agudo

A vinícola nasceu da paixão pelo vinho de dois enófilos, Alceu Muller e Leonidas Correa Ferraz. As cepas foram trazidas da França e plantadas a 1.280 metros. Do alto da propriedade, pode-se avistar os 6,3 hectares de vinhedos espalhados ao redor do espaço montado para recepcionar clientes e visitantes.

Região
São Joaquim
Fundação
2008
Enólogo
Eduardo Strechar
Endereço
Rodovia SC 438, km 69,65 - Morro Agudo (SC)
Site
www.monteagudo.com.br
Enoturismo

AD 89 PTS

Vinhedos do Monte Agudo Chardonnay 2014

São Joaquim	Branco	$$$$

Apesar da madeira ter papel importante nos sabores, tem gostosa textura, acidez refrescante e muito abacaxi maduro e em compota, que trazem certa sustentação ao conjunto.

AD 88 PTS

Vinhedos do Monte Agudo Unoaked Chardonnay 2018

São Joaquim	Branco	$$$

Aqui menos é mais, tem gostosa acidez e boa textura envolvendo sua fruta tropical, lembrando abacaxi fresco. Tem final com toques de limão tahiti.

AD 87 PTS

Sublime Merlot Rosé 2018

São Joaquim	Rosé	$$$

Num estilo de fruta vermelha mais madura lembrando morangos em calda, com acidez refrescante e boa textura, que equilibram um pouco o conjunto.

Outros vinhos degustados

AD 86 PTS **Vivaz Sauvignon Blanc 2018**
São Joaquim | Branco | $$$

VINÍCOLA WEBER

Região
Noroeste Rio-grandense
Fundação
2000
Enólogos
Marcos Vian e Taciana Weber
Endereço
Zona Weber, s/nº - Caixa Postal 36 - Crissiumal (RS)
Site
www.vinicolaweber.com.br
Enoturismo

Quando tudo começou, a produção de vinhos acontecia no porão de casa, apenas para amigos e familiares. Essa tradição foi passada de pai para filho, até chegar às mãos do atual proprietário, Decio Weber, que resolveu arriscar um pouco mais e produzir um volume maior, mas em estilo butique.

AD 88 PTS — Lótus Moscatel Espumante

Noroeste Rio-grandense | Espumante | $$

Fresco e cativante, esbanja frutas brancas frescas acompanhadas de notas florais e de ervas frescas. Cremoso e gostoso de beber, tem final com toques cítricos e salinos, que trazem equilíbrio e vivacidade ao conjunto.

AD 87 PTS — Décima Colheita Cabernet Sauvignon 2014

Noroeste Rio-grandense | Tinto | $$$

Num estilo de fruta negra mais madura, lembrando ameixas. Tem taninos firmes e notas de ervas, que pedem comida.

Outros vinhos degustados

AD 86 PTS — **Constelações Fênix Demi-Sec**
Noroeste Rio-grandense | Espumante | $$

AD 86 PTS — **Instantes Cabernet Sauvignon 2017**
Noroeste Rio-grandense | Tinto | $$

VITIS

Projeto somente de espumantes encabeçado por Andreia Gentilini Milan, sommelier, e Juciane Casagrande Doro, enóloga, ambas com vasta experiência no setor vitivinícola. O nome do rótulo Amitié foi inspirado na história e tradição francesa, além da amizade que une as duas sócias.

Região
Serra Gaúcha
Fundação
2018
Enóloga
Juciane Casagrande Doro
Endereço
Bento Gonçalves (RS)
Site
www.espumantesamitie.com.br
Enoturismo

AD **90** PTS

Amitié Moscatel Espumante

Farroupilha	Espumante	$$

De ótima tipicidade, esbanja maçãs frescas acompanhadas de notas florais e de ervas tanto no nariz quanto na boca. Tem vibrante acidez e final com toques salinos, que o tornam fácil de beber e nada enjoativo.

AD **89**

Amitié Cuvée Brut Rosé

Farroupilha	Espumante	$$$

Os aromas de frutas brancas e vermelhas mais maduras aparecem envoltos por notas florais, de fermento e de especiarias doces, que se confirmam no palato. Tem textura cremosa, acidez refrescante e final cativante, com toques salinos e cítricos, que trazem sustentação e fluidez ao conjunto.

AD **88** PTS

Amitié Cuvée Brut

Farroupilha	Espumante	$$$

Fácil de gostar e de entender, tem boa cremosidade e acidez refrescante, que equilibram seu estilo brut de maior sensação de dulçor.

AD **87** PTS

Amitié Brut Rosé

Farroupilha	Espumante	$$

Num estilo de fruta vermelha mais madura e de maior sensação de dulçor, tem boa acidez e gostosa cremosidade, que equilibram o conjunto.

Vivalti

Região
Serra Catarinense
Fundação
2015
Enólogo
Átila Zavarizze
Endereço
Rodovia SC 114, km 295, Monte Alegre, São Joaquim (SC)
Site
www.vinicolavivalti.com.br
Enoturismo

Projeto na Serra Catarinense, a vinícola foi fundada por Vicente Donini, que enxergou ali o lugar ideal para construir o seu mais recente projeto: La Casa Vivalti. As noites frias e os dias ensolarados nos altiplanos da região contribuem para o processo de maturação da uva.

AD 90 PTS — Vivalti Sauvignon Blanc 2017

São Joaquim	Branco	$$$$

Ótima surpresa. Fresco e de bom volume de boca, mostra frutas cítricas e tropicais bem acompanhadas por notas florais e de ervas frescas, que se confirmam na boca. Tem gostosa acidez, boa textura e final agradável e persistente, com toques salinos e de maracujá.

AD 88 — Vivalti Touriga Nacional Merlot Marselan 2017

São Joaquim	Tinto	$$$$$

Mostra frutas vermelhas e negras de perfil mais fresco acompanhadas de notas florais, de ervas e de especiarias doces. Tem vibrante acidez e taninos firmes e de boa textura, que trazem certo equilíbrio ao aporte de madeira, que aparece mais do que deveria.

Yoo Wines

O projeto começou para atender de forma exclusiva o restaurante Umai Yoo. No entanto, com o passar do tempo e apoio dos clientes, novos produtos foram adicionados à linha e ela passou a ser distribuída para todo o Brasil.

Região
Caxias do Sul
Fundação
2010
Enólogo
Alejandro Cardozo
Endereço
Leonora Romani 300 - Caxias do Sul (RS)
Site
www.yoowines.com.br
Enoturismo

AD 91 PTS — Yoo Nature Clássico

Serra Gaúcha	Espumante	$$$$

Aqui a Viognier tem papel importante, agregando notas florais e de mel, que envolvem sua fruta tropical e de caroço. Cremoso e fresco, tem acidez refrescante e final persistente, com toques salinos e cítricos. As notas de fermento, de frutos secos e de especiarias aparecem com o tempo na taça. Um versão alegre e jovial desse nature.

AD 90 PTS — Yoo Brut

Serra Gaúcha	Espumante	$$$

Gostoso de beber e fácil de agradar, nessa tiragem esbanja frutas brancas, bem equilibradas por refrescante acidez, textura cremosa e final cativante, com toques cítricos e salinos. Aqui menos é muito mais.

AD 90 PTS — Yoo Brut Rosé

Serra Gaúcha	Espumante	$$$

Nessa versão, mostra morangos maduros e em calda no nariz. Mas, na boca tem acidez vibrante e toques salinos, que trazem equilíbrio a toda essa abundância de fruta, tornando-o cativante e gostoso de beber. Grata surpresa.

AD 89 PTS — Yoo Prosecco Brut

Monte Belo do Sul	Espumante	$$$

Uma versão cheia de frutas brancas de perfil maduro, acompanhadas de notas florais e de ervas frescas. Tem acidez refrescante, textura cremosa e final com toques cítricos e salinos, pedindo uma segunda taça.

AD 88 PTS — Yoo Moscatel Espumante

Nova Prata	Espumante	$$$

Puro suco de maçãs maduras seguidos de notas florais e de ervas, que se confirmam na boca. Tem textura cremosa e refrescante acidez, que equilibram um pouco todo seu dulçor.

AD 88 PTS — Yoo Rosé 2019

Caxias do Sul	Rosé	$$$

Esbanja morangos acompanhados de frutas cítricas, tudo num contexto de acidez refrescante e boa textura. Fácil de beber e de gostar.

AD 88 PTS — Yoo Viognier 2019

Caxias do Sul	Branco	$$$

Mostra frutas de caroço acompanhadas por notas herbáceas e florais, que se confirmam na boca. Fácil de entender e gostoso de beber, tem refrescante acidez e final com toques salinos.

Índice

Índice por vinícolas

Carvalho Branco

Casa Fontanari

Casa Onzi

Casa Pedrucci

Casa Perini

Casa Valduga

Casa Verrone

Cave de Pedra

Cave di Pozza

Courmayeur

Dom Cândido

Domínio Vicari

Domno do Brasil

Don Abel

Índice por vinhos

D

M

N

O

P